红色广东丛书

中央秘密交通线

刘 朋 李宇博 编著

广东人民出版社

·广州·

图书在版编目（CIP）数据

中央秘密交通线 / 刘朋，李宇博编著. —广州：广东人民出版社，
2021.6（2022.6重印）

（红色广东丛书）

ISBN 978-7-218-14818-2

Ⅰ.①中… Ⅱ.①刘… ②李… Ⅲ.①中国共产党—地下斗争—
史料—广东 Ⅳ.①D235.65

中国版本图书馆CIP数据核字（2020）第263757号

ZHONGYANG MIMI JIAOTONGXIAN

中央秘密交通线

刘 朋 李宇博 编著

版权所有 翻印必究

出 版 人：肖风华

出版统筹：钟永宁
责任编辑：曾玉寒 廖智聪
装帧设计：河马设计 李卓琪
责任技编：吴彦斌 周星奎

出版发行：广东人民出版社
地　　址：广州市越秀区大沙头四马路10号（邮政编码：510102）
电　　话：（020）85716809（总编室）
传　　真：（020）85716872
网　　址：http://www.gdpph.com
印　　刷：广东鹏腾宇文化创新有限公司
开　　本：787mm×1092mm　1/16
印　　张：7.25　　字　数：100千
版　　次：2021年6月第1版
印　　次：2022年6月第2次印刷
定　　价：23.00元

如发现印装质量问题，影响阅读，请与出版社（020-85716849）联系调换。
售书热线：（020）85716833

《红色广东丛书》编委会

总　序

百年征程波澜壮阔，百年大党风华正茂。习近平总书记在党史学习教育动员大会上指出："我们党的一百年，是矢志践行初心使命的一百年，是筚路蓝缕奠基立业的一百年，是创造辉煌开辟未来的一百年。"翻开风云激荡的百年党史，一代又一代中国共产党人，用鲜血和生命浸染了党旗国旗的鲜亮红色，书写了可歌可泣的历史篇章，铸就了彪炳史册的丰功伟绩。一百年来，党的红色薪火代代相传，革命精神历久弥坚，红色基因已深深根植于共产党人的血脉之中，成为我们党坚守初心、永葆本色的生命密码。

广东是一片红色的热土，不仅是近代民主革命的策源地，也是国内最早传播马克思主义、最早成立共产党早期组织的省份之一。在新民主主义革命的漫长历程中，广东党组织在中共中央的领导下，发动、组织和领导广东人民开展了一系列广泛而深远的革命斗争。1921年，广东党组织成立后，积极开展工人运动、青年运动，并点燃农民运动星火。第一、二、三次全国劳动大会连续在广州召开，全国工人运动的领导机关——中华全国总工会在广州诞生。中国社会主义青年团第一次全国代表大会在广州召开，促进了全国团组织的建立、发展。在"农民运动大王"彭湃领导下，农潮突起海陆丰影响全国。

1923年，中共中央机关一度迁至广州，中国共产党第三次全国代表大会在广州召开，推动形成了第一次国共合作，建立了国民革命联合战线，掀起了大革命的洪流。随后，在共产党人的建议下，黄埔军校在广州创办，周恩来等共产党人为军校的政治工作和政治教育作出了重要贡献，中国共产党也从黄埔军校开始探索从事军事活动。在共产党人的提议下，农民运动讲习所在广州开办，先后由彭湃、阮啸仙、毛泽东等共产党人主持，红色火种迅速播撒全国。1925年，广州和香港爆发省港大罢工，声援五卅运动，成为大革命高潮时期一个十分引人注目的重要斗争。1926年，在统一广东革命根据地后，国民革命军在广州誓师北伐，以共产党员为骨干的北伐先锋叶挺独立团所向披靡，铸就了铁军威名。在北伐战争胜利推进的同时，广东共产党组织和党领导的革命队伍迅速扩大和发展，全省工农群众运动也随之进入高潮。

1927年"四一二"反革命政变以后，广东共产党组织在全国较早打响反抗国民党反动派血腥屠杀的枪声，广州起义与南昌起义、秋收起义一起，成为中国共产党独立领导中国革命、创建人民军队的伟大开端。随后，广东党组织积极探索推进工农武装割据，在海陆丰建立第一个县级苏维埃政权，并率先开展土地革命，开启了中国共产党领导人民进行的最重大的社会变革。与此同时，广东中央苏区逐步创建和发展起来，为中国革命的发展作出了不可磨灭的贡献。1931年，连接上海中共中央机关与中央苏区的中央红色交通线开辟，交通线主干道穿越汕头、大埔，成功转移了一大批党的重要领导，传送了重要文件和物资，成为土地革命战争时期党的红色血脉。1934年，中央红军开始了举世瞩目的长征，广东是中央红军从中央苏区腹地实施战略转移后进入的第一个省份，中央红军在粤北转战21天，打开了继续前进的通道，成功走向最后的胜利。留守红军在赣粤边、闽粤边和琼崖地区进行了艰苦卓绝的游击战争，高举红旗永不倒。

抗战全面爆发后，中共中央和中共中央长江局、南方局十分重视和加强对广东党组织的领导，选派了张文彬等大批干部到广东工作。日军侵入广东以后，广东党组织奋起领导广东人民开展敌后抗日游击战争，成立了东江纵队、琼崖纵队、珠江纵队、广东人民抗日解放军、南路人民抗日解放军和韩江纵队等抗日武装，转战南粤辽阔大地，战斗足迹遍及70多个县市。华南敌后战场成为全国三大敌后抗日战场之一，党领导的广东人民抗日武装被誉为华南抗战的中流砥柱。香港沦陷以后，在中共中央的领导和周恩来等人的精心策划安排下，广东党组织冲破日军控制封锁，成功开展文化名人秘密大营救，将800多名被困香港的文化名人、爱国民主人士及家眷、国际友人等平安护送到大后方，书写了抗战史上的光辉一页。

解放战争时期，在中共中央的领导下，华南地区大力开展武装斗争，开辟出以广东为中心的七大块游击根据地，成立了中国人民解放军琼崖纵队、粤赣湘边纵队、闽粤赣边纵队、桂滇黔边纵队、粤中纵队、粤桂边纵队和粤桂湘边纵队等人民武装，其中仅广东武装部队就达到8万多人，相继解放了广东大部分农村，在全省1/3地区建立起人民政权，为广东和华南的解放创造了有利条件。在广东党组织的配合下，人民解放军南下大军发起解放广东之役，胜利的旗帜很快插遍祖国南疆。

革命烽火路，红星照南粤。广东见证了中国共产党从新生到大革命、土地革命，再到抗日战争、解放战争等革命斗争全过程。其间，毛泽东、周恩来、刘少奇、朱德、邓小平、叶剑英、彭德怀、刘伯承、贺龙、陈毅、聂荣臻、徐向前、李富春、粟裕、陈赓等老一辈革命家和李大钊、蔡和森、瞿秋白、陈延年、彭湃、叶挺、杨殷、邓发、张太雷、苏兆征、杨匏安、罗登贤、邓中夏、恽代英、萧楚女、阮啸仙、张文彬、左权、刘志丹、赵尚志等一大批革命先烈都在广东战斗过，千千万万广东优秀儿女也在革命斗争中抛头颅、洒热血，留下了光照千秋的革命历史和革命精神。广东这片红色热土，老区苏区遍布全省，大大小小的革命遗址分布各地，留下了宝贵而丰厚的红色文化历史遗产。

习近平总书记强调，中国革命历史是最好的营养剂。重温这部伟大历史能够受到党的初心使命、性质宗旨、理想信念的生动教育，必须铭记光辉历史、传承红色基因。我们有责任把党领导广东人民进行革命斗争的光辉历史和伟大功绩研究深、挖掘透、展示好，全面呈现广东红色文化历史，更好地以史铸魂、教育后人，让全省人民在缅怀英烈、铭记历史中汲取砥砺奋进的强大力量，让人们深刻认识红色政权来之不易，新中国来之不易，中国特色社会主义来之不易，确保红色江山的旗帜永远高高飘扬。

为充分挖掘广东红色文化资源的丰富内涵，我们组织省内党史、党校、社科、高校等专家学者，集智聚力分批次编写《红色广东丛书》。丛书按照点面结合、时空结合、雅俗结合原则，分为总论、人物、事件、地区、教育五个版块。总论版块图书，主要综述中国共产党在广东的革命斗争历史概况，人物版块图书主要讴歌广东红色人物，事件版块图书主要论说党领导广东人民开展革命斗争的历史事件，地区版块图书从地市和历史专题角度梳理广东地域红色文化，教育版块图书着力打造面向青少年及党员的红色主题教材。丛书以相关的文物、文献、档案、史料为依据，对近些年来广东红色文化资源研究成果做了一次全面系统梳理，我们希望这套丛书能为党史学习教育、革命传统教育、爱国主义教育提供重要内容支撑。

一切向前走，都不能忘记走过的路，走得再远、走到再光辉的未来，也不能忘记走过的过去，不能忘记为什么出发。站在"两个一百年"的历史交汇点上，我们要更加坚定自觉地学史明理、学史增信、学史崇德、学史力行，赓续红色血脉，传承红色基因，以一往无前的奋斗姿态、风雨无阻的精神状态，推动广东在全面建设社会主义现代化国家新征程中走在全国前列、创造新的辉煌。

《红色广东丛书》编委会

2021年6月

目录
CONTENTS

— 1 —

导 论

土地革命战争时期，中共中央为加强与各根据地之间的联系，打破国民党对苏区的军事围剿和经济封锁，多次发出重要指示，决定建立全国的秘密交通机关。特别是到1931年1月，为密切中共中央与中央根据地的联系，建立了一条从上海经香港、汕头、大埔、青溪、永定、上杭、古城到瑞金的秘密交通线。这条蜿蜒曲折长达数千公里，横越沪、港、汕三大城市的千里交通线，要突破敌人的重重关卡，穿越赤白交界地区的层层封锁线，闯过军警的盘查和暗探的追踪，避开反动民团的袭击，严防叛徒的出卖和破坏，困难极大。在周恩来等的领导和各方努力下，交通线沿途设立诸多交通大站、中站和小站，却自始至终不受破坏，成为畅通中共中央和红军联系的"血脉"通道，在革命斗争中发挥了重要作用，是一条名副其实的生命线，为中国革命作出了卓越的贡献。

链接：

从上海党中央到中央苏区的交通线，起初共有4条，分别是：

第一条由上海经香港，到广州，转南雄，进入江西；

第二条由上海经香港，到韶关，过赣州，到瑞金；

第三条由上海经香港，到梅县，过会昌，到瑞金；

第四条由上海经香港并经广东汕头、潮安、大埔，过福

多宝坑小站旧址

多宝坑小站旧址现已改为中央秘密交通线的纪念馆，图为馆内照片

建永定、长汀，到瑞金。

这四条路线中，第一条 1930 年就被国民党破坏了；第二、三两条路线建立使用不久，也因不时地遭到国民党特务机关的破坏而被迫中断。最后只剩下一条路线，这条路线也始终唯一保持安全畅通，成为苏区与外界联系的唯一的一条交通线，因其不可替代的作用被誉为"红色交通线"。

这条交通线具体走法为：从上海或经香港，乘船到汕头，改乘火车到潮安，再乘船到大埔的多宝坑，然后步行进福建，经铁坑、桃坑、永定城、河溪圩、虎岗、龙岩大洋坝、上杭白沙、旧县、南阳、涂坊、四都、茶坑到瑞金。第三次反"围剿"以后，因军事形势发生变化，从福建桃坑以下的路线有了改变，即不再经过永定城，而改道下金、中金、古木督、严坑、丰稔、庄芬、泰拔、茶地、白沙、旧县、南阳、涂坊、元亨、流田、长汀县城、古城，到达瑞金。

交通线的开辟，对打破国民党的军事"围剿"和严密封锁具有积极意义，同时，这条交通线以水路为主，迂回曲折，易于掩护化妆，所经地区群众基础也较好，便于开展工作。交通线的主要任务包括三个方面：一是沟通上海党中央和苏区的信息往来；二是护送干部；三是向苏区输送物资。

国民党对中央苏区
的军事"围剿"与
经济封锁

随着苏区的建立和壮大，使国民党反动派和蒋介石如鲠在喉，寝食难安。在1930年10月中原大战结束后，蒋介石便把战争矛头指向了中央苏区和红军，他亲自坐镇南昌，在南昌设立专门指挥机构——南昌行营，对中央苏区和红军进行残酷的"围剿"与封锁。在军事"围剿"的同时，制定相关"围剿"政策和法令，运用政治、经济等手段对食盐、火油、粮食、邮电、药品等重要战略物资和交通运输等进行封锁，对苏区形成政治、经济、军事、宣传舆论等各方面全面进攻的战略，从而对苏区构成巨大的威胁。

（一）军事"围剿"

1. 第一次"围剿"

1930年10月，中原大战接近尾声，国民党将"肃清共匪"列为其治国理政"五项政治措施"之首。10月底，蒋介石亲往汉口主持召开湘鄂赣三省"剿共"会议，策划对中央革命根据地发动第一次"围剿"。国民党军出兵10万之众，奉行"长驱直入、外线作战、分进合击、猛进猛打"的作战方针，对中央革命根据地展开军事"围剿"。毛泽东、朱德指挥红一方面军约4万人，采取诱敌深入的方针，将国民党"围剿"军诱进苏区，依靠苏区人民支援，选择有利时机和战场，将"围剿"军各个歼灭于运动中，第一次反"围剿"获得极大胜利。

2. 第二次"围剿"

蒋介石对中央苏区第一次"围剿"的惨败并不甘心，不久即重新调兵遣将，策划对中央苏区和红军发动第二次大规模军事"围剿"。他委派军政部部长何应钦为代总司令兼南昌行营主任"围剿"中央苏区。鉴于第一次"围剿"失败的惨痛教训，国民党调集20万兵力，放弃"分进合击、长驱直入"的作战方针，转而采取"稳扎稳打、步步为营"的作战方针，建立起对中央苏区的包围圈，凭借浩大声势企图歼灭中央红军主力，摧毁中央苏区。毛泽东坚决主张继续采取诱敌深入方针，集中优势兵力各个击破敌人。同时各乡各村的赤卫队、运输队、担架队等纷纷积极参与战斗，以随时配合反"围剿"战争的需要。红一方面军在毛泽东、朱德的指挥下，势如破竹，横扫七百里，歼敌三万余人，痛快淋漓地粉碎了国民党二十万大军的进攻，取得第二次反"围剿"的胜利。

3. 第三次"围剿"

对中央苏区的第二次"围剿"比第一次"围剿"败得更惨烈，蒋介石对此气愤不已，决定亲自指挥第三次"围剿"。1931年6月，蒋介石坐镇南昌，调集30万兵力，聘请德、日、英军事顾问，采取"厚集兵力、分路围攻、长驱直入"的战术，分三路向中央革命根据地进行"围剿"，并采用法西斯手段在军中实行"连坐法""离间计"等，督促各路部队长驱直入，妄图将红军主力一举消灭在赣南地区。红军在毛泽东、朱德指挥下，采取"诱敌深入"和"避其主力、打其虚弱"的作战方针，在苏区人民群众的支援下，先后共歼灭国民党军17个团共3万余人，进一步发展和巩固了中央革命根据地。

4. 第四次"围剿"

1932年10月，蒋介石在对鄂豫皖、湘鄂西两个苏区军事"围剿"得手后，即开始将"围剿"重点转向中央苏区。他部署40余万兵力，兵分三路，"分进合击"对中央苏区进行第四次军事"围剿"。鉴于前三次"围剿"失败的教训，蒋介石在军事"围剿"的同时，综合运用筹集军费、大力修建公路、加强政治进攻、大力封锁禁运等手段配合军事行动。在朱德、周恩来等的指挥下，第四次反"围剿"取得胜利，红军力量得到加强。但是，国民党的"围剿"与封锁，尤其是在各地编练保甲，对中央苏区实行经济封锁，特别是对日用品、军用品和医用品的封锁，也让根据地陷入了物资短缺的被动局面。

5. 第五次"围剿"

蒋介石对中央苏区的第四次"围剿"失败后，不久便卷土重来，强调"相机应变、知己知彼"，鼓励部下着力研究"今后'剿匪'的战术和战略"。1933年6月，蒋介石召开赣闽粤湘鄂五省"剿匪"军事会议，确定了"战略攻势、战术守势"和"步步为营、节节推进，碉堡公路、连绵不断，经济封锁、滴水不漏"的方针，采取了堡垒主义的新战略，调集100万兵力，对中央革命根据地进行大规模"围剿"。同时，还运用新的策略和手段"围剿"和封锁中央苏区，比如保甲制度及严密的经济、邮电和交通封锁，企图"抽干塘水捉鱼"，困死饿死苏区军民。在中共临时中央主要负责人博古等领导人实行军事冒险主义、军事保守主义的错误战略指导下，红军屡战失利，苏区日益缩小，形势日趋严重。由于错误的军事战略和作战原则，这次反"围剿"作战始终处于被动，以致红军在遭到严重削弱、中央苏区大部丧失的情况下，被迫进行长征。

（二）经济封锁

所谓经济封锁，实际上是通过封锁交通等手段来阻止苏区与国统区之间的物资交换。国民党对红军和根据地的封锁是随着"围剿"逐步形成的。在"围剿"之前，国民党的主要精力在军阀内部混战，封锁政策没有得到很好的落实。自1928年10月国民党围攻井冈山开始，蒋介石的封锁政策就再也没有中断过。他陆续制定并颁布封锁法令，但受国民党内部矛盾影响，各省大多阳奉阴违。根据地军民也采取各种积极有效的反封锁措施，使得前期的封锁政策没有"奏效"。1932年底，国民党在总结鄂豫皖、湘鄂西两个苏区军事"围剿"胜利的经验后，确立了"三分军事，七分政治"的战略方针，实行严格的交通、物资、贸易等政治封锁手段，制定出台了《封锁匪区办法》《封锁匪区纲要》《封锁匪区概况》《封锁匪区补充办法》等多个文件，逐步落实封锁政策。特别是1933年夏后，国民党的封锁政策进入极端严厉时期，这也让中央苏区陷入了严重的困境。南昌行营先后颁发了 13 种封锁令，对封锁事项、封锁组织、封锁办法等逐一作出详细规定，主要在物资、交通和通信三方面实行封锁，核心是物资封锁。

1. 物资封锁

国民党《封锁匪区办法》《封锁匪区纲要》等多个文件主要针对苏区的物资进行封锁。封锁的物资主要包括粮食、食盐、布匹等日用必需品和药材以及钢铁、铅等军用品的材料。封锁政策内容详细，涉及封锁区域、封锁办法、封锁物品的范畴等。

关于封锁区域，《封锁匪区办法》明确将"剿匪"区域分为四种类型：①长期被红军占据的区域称为"全匪区"；②经常有红军出没的区域称为"半匪区"；③与苏区相连接或靠近苏区的区域为"邻匪区"；④既没有红军出没，又离苏区较远的地方称为"安全区"。除安全区外，百姓购买商

1932年8月20日颁布的《封锁匪区纲要》

品、交通运输等都受到限制。封锁主要针对"全匪区""半匪区"和"邻匪区"三个区域。

关于封锁办法，禁止一切输入和输出，绝对禁止中央苏区与外部的贸易和流通。这些办法是国民党对鄂豫皖根据地"围剿"总结的经验，并复制推广。《封锁匪区概况》中明确了封锁的四个办法，分别为：第一限制其运输，第二限制其囤积，第三限制其购买，第四取缔其贩卖。封锁不仅限于流通，囤积也是不允许的。这些行为一经发现，没收物资并处以重罚。

关于封锁的物资品种，涉及农作物种子、家畜等农产品，米、油、盐、布和燃料等日常生活必需品，以及枪支弹药等军需品。《封锁匪区办法》指出，油、盐、布以及燃料等生活必需品，都属于日用品范畴。日用品的购买也有严格规定，比如"邻匪区"和"半匪区"都设置公卖委员会，由各保长负责统计所管辖区域的实际人口，计算出该保每月所需要的数量，经过公卖委员会审核，填发购买许可证，注明购买物品数量，向"安全区"商会出具证明，才准许采购。公卖委员会及各地分会需将本区人口数量、食用量、存储量、售卖数量分别登记造册。为确保封锁效果，商人从"临匪区"和"半匪区"转移至"安全区"，不允许经营，并严格限制私人购买。居民采购需要出具保长或甲长开的"良民证"，店主根据居民所提供的信息，计算允许采购的数量，并将居民姓名、采购物品、数量等信息进行登记，以便日后检查。食盐作为一种日常生活必需品，是国民党重点封锁的物资之一。所有食盐必须凭证购买，购买凭证分为护照、许可证和凭单三种，并严格限制居民的购买数量。关于军用品，则限制更为严格。《封锁匪区办法》规定，枪炮、弹药和可生产出此类货物的铜、铅、硝类、磺类、皮革、布匹等材料，以及无线电机、汽油、机油、电料等军用品都要严格限制。如需添购则须登记公司、工厂、商号的详细名称、所在地，添购物品的数量、购置地点、运输路线等，呈递省最高"剿匪"司令部，经批准颁发执照，方可购买。硝药、硫黄等物品，禁止私人自由买卖，避免流入苏区。药材作为战争环境的特殊用品，也是重点封锁的物资之一。国民党还在水路交通要道设立各类关卡，并严密搜查与巡逻，抓到私运盐、西药材的人，轻则坐牢，重则处死。

关于交通运输和通信封锁。国民党的交通运输和通信封锁主要表现在以下几个方面：一是划区设卡，成立封锁机关。国民党把苏区划分为若干个封锁区，每个封锁区设立管理机构和关卡。到1934年11月份，江西全省紧邻中央苏区、闽浙赣苏区、湘赣苏区、湘鄂赣苏区的40个县被划分为8个封锁区，各区设检察官，由当地最高驻军长官担任；设立封锁管理所74个，管理分所376处，检查卡1053个，部分检查卡还设检查分组若干处。在水路，则设立赣江万（安）丰（城）间水道督察处及13个封锁管理所，加紧对赣江沿线的全面封锁。二是严格"半匪区"和"邻匪区"的交通管理，实行特许经营制度。对于向"半匪区"和"邻匪区"运进日用品，需要持有证明执照方可。军用品运输更加严格，必须经过省最高"剿匪"司令部同意并取得相应的执照后才能进入，否则一律没收。如果是一些零星货物，只需持有当地区长或者是联保主任、保长发出的购买许可证即可通行；若查出没有相关证明，则将货物扣留。在水运中，若某一段水路有"共匪"出没或一岸被敌占领，则该段河流禁止运输货物，以防止货物被抢；如果陆路运输有同样状况，则同样禁止货物运输。"全匪区"是绝对禁止物品流入的，如有违者判处死刑。邮电通信也进行严格封锁，凡"全匪区"邮电禁止拍送，"邻匪区""半匪区"邮电则严密检查。

链接：国民党在江西划分的八个封锁区

第一封锁区：上饶、玉山、广丰、铅山、弋阳。

第二封锁区：东乡、余江、贵溪、金溪、余干。

第三封锁区：浮梁、万年、乐平、德兴、鄱阳。

第四封锁区：临川、南城、南丰、崇仁、宜黄。

第五封锁区：丰城、新淦、峡江、永丰、乐安。

第六封锁区：吉安、吉水、泰和、万安、安福。

第七封锁区：清江、新喻、分宜、宜春、萍乡。

第八封锁区：修水、铜鼓、宜丰、上高、万载。

2. 保甲制度

保甲制度是国民党"剿共"的配套制度和辅助政策。为了加强对苏区的封锁，巩固基层社会治理，1929年9月国民党就曾经下令编组保甲，并出台《邻右连坐暂行办法》《清乡条例》等法案。1931年9月，国民政府令饬江西修水等 43 县试办保甲，规定以户为单位

保甲制度资料

编组，设户长；十户为甲，设甲长；十甲为保，设保长。"如本邻住户有为匪、通匪、窝匪等情，其余各户应速密报

邻长，依次传闾、乡镇、区长转报清乡局核办，倘有瞻徇隐匿，概以庇纵论罪。"

1934年颁布的《修正保甲条例》，对保甲制度进行了调整与补充。该条例要求编组保甲时，甲应挨户编组，保应挨甲编组，公共地区（如寺庙、公共场所）存在住户也应按户编组，进一步强化了保甲制度对民众的控制与监督。各地，特别是苏区所在地区把民众组织起来，登记造册，重新编排保甲，严格实行连保连坐制度，有效切断了民众与红军之间的往来，使国民党对苏区的军事行动连连奏效，封锁政策也取得较大成功。

3. 组织民团

民团多数是地主武装，而有些地方的民团，是乡绅在"防匪护乡"的旗号下，筹集枪支，组建起来的。国民政府为了维持社会治安的需要，对这些自发组建的民间组织予以认可并加以利用，并于1933年4月颁布《"剿匪"区内民团整理条例》，要求各地区积极按照该条例组织民间团体，对抗共产党人所领导的土地革命和武装暴动，作为对付红军游击队活动、巩固其基层社会治理的重要举措。

民团组织分为保安队、壮丁队和"铲共"义勇队。保安队由原来各县中已经存在的自带武装的组织改建，枪支、弹药等武器和薪饷由地方供应和保障。壮丁队是在红军没有到达或占领的各县中，由当地没有按照要求配备武器的组织或壮丁组合而成，而红军入驻的地区的这些组织或壮丁则被设置成"铲共"义勇队。"剿共"任务完成后，"铲共"义勇队改编为壮丁队。民团组织把守交通要道，盘查过往行人，捕杀共产党员和革命分子，虽因慑于红军的强大威力，这些民团不敢贸然深入，却频繁在苏区边缘骚扰，无所不用其极。这极大地限制了民众与共产党之间的联系，对民众中的亲中共势力具有震慑限制作用，大大增强了国民党的"剿共"能力。

4. 碉堡政策

碉堡政策是国民党封锁苏区的另一重要武器。早在井冈山时期，国民党江西地方势力，因军事上多次"进剿"不利，就在赣西、赣南等地修碉筑堡，对根据地进行封锁。1933年8月，蒋介石发出各县完成碉堡的命令，分三步完成"剿共"任务：第一步，完成碉堡建造，与军事封锁一起对苏区形成包围之势，限制共产党活动区域；第二步，让碉堡不断向苏区推进，以达到蚕食苏区面积的目的；第三步，待苏区缩小为一定面积后，一举歼灭红军。碉堡群的建设，采取的是前后交错的品字形形式，在军事上相互呼应。碉堡政

国民党军为封锁红军建造的碉堡

策可解决国民党"进剿"兵力有限与红军活动范围日益扩大的矛盾，使国民党"进剿"部队的有限兵力得以灵活运用，将过去需重兵死守的据点变成便于机动"进剿"的活点，以静制动，步步为营，稳扎稳打，以达到逐步缩小苏区，最终消灭苏区的目的。

（三）"围剿"和封锁对中央苏区产生深远影响

国民党的封锁政策极为严密，其目标就是使苏区和红军

"无粒米勺水之接济，无蚍蜉蚊蚁之通报"，也就是说，不让一粒米、一勺水进入苏区，让苏区红军和政权困顿而死。国民党这种不流血的"饿死"政策对中央苏区造成了较大影响。毛泽东在《井冈山的斗争》一文中就指出，因为敌人的严密封锁和我们对小资产阶级的处理失当这两个原因，（红区白区）两区几乎完全断绝贸易，食盐、布匹、药材等项日常必需品的缺乏和昂贵，木材、茶油等农产品不能输出，农民断绝进款，影响及于一般人民。贫农阶级比较尚能忍受此苦痛，中等阶级到忍不住时，就投降豪绅阶级。

对苏区的封锁，有力地配合了国民党的军事推进。国民党认为，湘赣地区自实行封锁以来，极感物资缺乏，尤以食盐为甚，故封锁之效果，较军事推进更有力量，"因封锁之效果，促进军事进展，收复失地日多，'匪区'日渐缩小"。国民党的经济封锁使得苏区食盐、布、药材和火油等产品严重短缺，苏区物质资源的不足日渐显现，苏区经济日益困难。尤其是食盐和药材的短缺给苏区军民的生活和健康带来极大的危害。一些红军指战员因为盐分摄入不足，体质明显下降，严重影响部队战斗力。长期的反"围剿"战争使苏区伤员急剧增加，但国民党的严密封锁又使苏区的医药来源渠道越来越狭窄。在缺少基本的药品和医疗器械的情况下，红军伤病员得不到应有的治疗，严重削弱了部队的战斗力。面对封锁造成的物资短缺，苏维埃政府实施了许多办法，发展工业、加强对外贸易，寻求替代品开展自救，但苏区物资缺乏的问题一直没有得到根本性的解决。1934年以后形势更加恶化，严重地影响了苏区民众的日常生活和红军的作战能力。中央苏区的反"围剿"，在军事上和经济上是休戚相关的。面对国民党不断强化的经济封锁与军事"围剿"政策，中央苏区内部面临的问题与矛盾也逐渐升级。尤其是在第四、第五次反"围剿"过程中，中央苏区内部物资严重匮乏，主要体现在商业衰败，食盐、粮食等日用必需品短缺，军用医药物资供应严重不足等方面，给中央苏区的经济建设和军事斗争带来巨大的阻碍，这也成为第五次反"围剿"失败的关键因素之一。在这样的背景下，为了加强中央与苏区的联络，确保一些重要人物、紧缺物资和重要情报通信送达苏区，中央秘密交通线的开辟，就显得尤为重要和迫切了。

二 中央秘密交通线的
建立

在周恩来的直接领导下，党中央以"宁可放弃苏区一个县，也要办好交通线"的决心，加快了全国各苏区通往上海党中央的秘密交通线的建设步伐，并于1930年11月成立了中央交通局（原称"中央军委交通总站"，于1930年7月组建），由周恩来、向忠发（后被捕叛变）、李立三、余泽鸿和吴德峰组成委员会，吴德峰为局长，陈刚为副局长，并立即从各地调来精兵强将，布置严密的全国交通网，按照各地沿线设交通大站、中站、小站的格局，建设统一指挥、组织严密、分工明确、作用各异的秘密交通战线。其中在通往闽赣苏区的交通线方面，中共中央决定经粤东进入江西，打通上海党中央和中央苏区的联系。1930年下半年，调南方局秘书长饶卫华到香港建立华南交通总站；派中央交通局副局长陈刚到汕头市建立中法药房汕头分号，作为中央交通局直属的一个重要交通站。1931年初，又派陈彭年、顾玉良、罗贵昆等三人到汕头市建立备用交通站。同时，调中共广东省委发行科科长李沛群到闽西担任交通大站站长，调卢伟良担任大埔交通站站长，选派肖桂昌、曾昌明、熊志华等担任中央秘密交通线专职交通员。交通员是当时专门负责传送文件、情报，联络各地地下机关，接送往来干部的专职人员。交通工作是党内的一项重要工作。就这样，一条从上海出发，经香港、汕头，再通过大埔进入闽西的、长达3000公里的"中央秘密交通线"基本建成。这条交通线成为第二次国内革命战争时期上海党中央和中央苏区联系的红色通道。

（一）香港华南交通总站

中央秘密交通线的第一站是香港。1930年9月，党中央在六届三中全会后决定在香港成立华南交通总站，直属中央军委交通总站领导。中央抽调南方局（设在香港）秘书长饶卫华为总站负责人，又从中央和南方局抽调了一批专职交通员。在这些交通员当中，卢伟良承担着在全线设立站点、决定各站设立的地点、为各站点挑选和训练交通员的重任。华南交通总站几乎从不与其他共产党的办公场所有联系，而一般来说，与交通工作有关的人员，也不会参与任何在香港的其他活动。

据饶卫华回忆：

华南交通总站成立后，首先在香港铜锣湾建立了一个秘密机关和招待所，以接待从上海临时党中央送来的干部。党中央和南方局先后调来一批专职交通员，其中有肖桂昌、黄华、曾波浪（曾昌明）、卢伟良、王福田、洪顺等同志，他们都是政治觉悟较高、熟悉地方情况、勇敢机智又能刻苦工作的同志。

1930年9月至12月期间，由香港华南交通总站先后转送到闽西的负责同志有几十人。大多数是由上海临时党中央送来的。他们是左权、萧劲光、傅钟、李俊杰（李卓然）、蔡树藩、徐特立、张爱萍、朱瑞、刘伯坚夫妇、顾作霖夫妇、李六如、贾拓夫等同志。萧劲光、蔡树藩、徐特立等都是刚从苏联学习回国的。这些同志多数都未有在广东工作过，在这一路没有认识的人，所以他们装成商人，随着交通员行动，路上装作彼此不认识。刘伯坚同志原是在冯玉祥西北军中工作，其夫人是缠脚而放了脚的，走路很不方便。顾作霖同志原是共青团中央负责人，这两对夫妇同行，很自然，不引人注意。徐特立同志，年纪较大，扮成老教师，他在旅途上还带着数学课本，抓紧时间学习，也作为掩护。在他们之前进入苏区的叶剑英同志是广东梅县人，又是广州起义的领导者，他在广东曾公开工作，认识他的人多，所以他由卢伟良同志护送，改道从汕头经饶平县黄冈五和村，到埔东山区，那里已是游击区。党的饶（平）（平）和（大）埔县委设在大埔和村。当时的县委书记是丘宗海同志（大埔高陂人，大埔中学毕业，一九二六年入党，后在闽西战斗中牺牲），他们知道叶剑英同志经过此地后，热情接待。在县委休息几天后，叶剑英同志一行再继续步行到永定县的雷湖，然后到虎岗。闽西特委书记邓发同志，事前做了一系列的准备工作，探好交通道路，他们虽多走了几天偏僻崎岖的山路，但保证了叶剑英同志的安全。

另外一批同志，则是由南方局选派的。他们是参加过省港罢工和广州起义斗争的工人骨干，如邓发、陈慧清夫妇，黄苏（又写作黄甦，香港金属业工人，党的广东省委委员、香港区委委员，他到中央苏区后在红军中任过师政委。长征到陕北洛川战斗中光荣牺牲）等。卢永炽（又名卢德光）当时也是从香港去的，此人原是香港金属业工人，省港大罢工中入党，参加广州起义后回到香港，曾任省委委员、省委组织部部长、南方局书记等职。1930年在香港建立的南方局秘密电台就设在他家里。1930年冬，因省委委员江惠芳在香港被捕后叛变，将卢的住址报告反动派，卢即被捕，我们的地下电台亦被破坏（港英政府曾企图利用我们的电台骗取和上海电台联系，但即被我们发觉，没有引起上海的破坏）。

党组织后来请律师担保他出狱，调他到闽西任省委书记。（一九三一年卢竟携带党交给他保管的黄金，夫妇俩一同逃走到香港，成为可耻的叛徒。）

此外，还有一批从东南亚各地参加斗争被捕后被驱逐出境到香港的同志。他们在香港找到党组织，恢复了联系，有些则是从广州南石头惩戒场刑满出狱的同志。如张昔龙、詹行祥、谢育才等。他们有工作经验，且经过斗争考验，所以党组织亦送他们到苏区工作。有一位安南籍的香港缝纫工人何端（后改名何畏），是参加省港大罢工，在纠察队入党的。广州起义失败后他回到香港，党组织分派他负责联系参加过省港罢工的、起义失败后逃到香港的纠察队队员，并用省港罢工纠察同学会名义组织起来。他们中身体好、无家庭负担、愿意到苏区参加红军的，党都送他们到苏区，以充实红军领导。当年曾有十余人由交通站送到闽西。

华南交通总站为加强对交通员的领导，当时十分重视对他们的政治思想教育。经常用时事来进行爱国主义和共产主义的教育，使每一个交通员面对艰苦的工作都认识自己的任务，忘我为党的崇高事业而献身。每次在他们出发前和完成任务回来，都要找他们详细谈话，听取他们出发后执行任务的详细报告，有困难即帮他们解决。有成绩就表扬、鼓励。

有缺点或错误的也及时指出，予以纠正。

1930年底，由于广东省委内部交通员莫叔宝叛变，南方局遭到严重破坏，饶卫华被迫撤离香港。中央改派蔡和森为两广省委书记，王弼负责华南交通总站的工作。

（二）汕头交通站

这条交通线的第二站是汕头。大革命时期，周恩来任东征军总政治部主任、东江各属行政委员，在汕头工作过，对潮汕情况十分熟悉。汕头因交通方便、商贸发达、革命基础较好等诸多有利条件，被周恩来选定为中央秘密交通线上的枢纽中转站。

1930年，周恩来指示在汕头市开设一间药房，一方面为苏区输送医疗器材和药品，一方面以此作为中央一个重要的交通站。中央交通局副局长陈刚便通过黄玠然在上海中法药房当经理的一个亲戚，到汕头市开办了中法药房汕头分号，作为中央交通局直属交通站。不久后，这个分号就以批发部的形式在汕头市亮出了招牌。中法药房汕头分号的规模和名声都很大，不仅很好地掩护了交通站本身的存在，而且为苏区购进了很多急需的医疗物资，满足了战争的需要。这个交通站的保密级别很高，一般不会随便使用。周恩来曾对此作过专门指示，规定只有护送重要领导干部时才能启用这个交通站，而且必须经过中央同意才能在中法药房汕头分号住宿。

为防止意外，做两手准备，中央决定在汕头再建一个绝密备用站。1931年初，中央交通局派陈彭年、顾玉良、罗

汕头交通站旧址

贵昆到汕头筹建备用交通站。陈彭年等3人接受任务后，以上海客商身份，于1931年1、2月间来到汕头，并在海平路98号租下一处地方，选择便于为苏区筹措电器材料的行业作为掩护，开起华富电料行，专营批发，不搞零售。陈彭年等根据客观条件和实际需要，决定建立的这家专营批发代销、不做零售的电料行，可以利用商店的名义购买苏区急需的电器材料。陈彭年是山东人，在租界长期从事秘密工作，懂得黑社会的语言和活动方式，个子又高大，穿上长袍马褂像个资本家，由他充当经理。顾玉良是会计。他做过生意，当过党内交通员，知道一些做生意的道理和有党内秘密交通的经验。罗贵昆是个二十来岁的青年，广东梅县地区人，能讲当地话，在汕头也有社会关系，担任公司职员，负责对外联络和交际工作。电料行还按当地惯例，雇用了一位不到20岁的青年，汕头人叫他"小公使"，干些烧水做饭等杂活。交通站成立后，立即派顾玉良与东江特委取得了联系，双方规定了在汕头的联络地点、暗号和专职交通员。党中央给中央苏区的物资，先运至这个交通站，再转交东江特委。后来，这个交通站还负责护送中央委员以上的领导干部。他们由汕头乘火车到潮安，一般不作停留，当即转乘轮船沿韩江北上去大埔。电料行虽然没有举行成立仪式，但也被社会自然地承认了。

正是这一个绝密备用站拯救了整条交通线。1931年4月，中共中央政治局委员、特科负责人之一的顾顺章被捕叛变，周恩来对中央秘密交通线进行调整，撤销顾顺章所了解的交通站，中法药房汕头分号交通站停用，并正式启用华富电料行这个秘密中转站。

（三）大埔交通站

1930年，党中央建立大埔交通站，隶属于党中央交通局直接领导，设在大埔县青溪镇汀江河畔的余氏宗祠，因设于青溪，一般通称青溪交通站。卢伟良、杨雄、郑启彬等先后任站长。青溪是上海至中央苏区的最后一道关口，是中央秘密交通线的水陆交通枢纽。从韩江逆流而上到这里转走陆路，通过多宝坑、铁坑、伯公凹、桃坑便能进入永定苏区。青溪乡位于汀江江边，属埔北区，约有二百户人家，是进入中央苏区的门户。当时大埔县仍由国民党统治，青溪则是游击区。党组织仍是秘密进行活动的，但这里群众基础较好。从1930年开辟至1935年1月，青溪交通站的革命斗争坚持了4年多。

另外，交通线在进入大埔境内后在茶阳设有中站。在茶阳设有同丰杂货店和同天饭店为联络点，然后从山路进入闽西。交通站还在青溪开设了永丰客栈作为秘密联络点，永丰客栈是一栋二层砖木结构的建筑，紧靠汀江岸边，原本是一家豆腐店。卢伟良奉命在大埔建立秘密交通站时，选中了这家豆腐店，随即将二楼租下作为客栈，挂了招牌叫"永丰客栈"，一楼仍由房主余良晋卖豆腐。店内设有床铺，可以

永丰客栈原貌

休息。小店有个后门，直通后山，遇有意外，随时可以从后门逃避。交通站专门购置几条大木船，固定了几名可靠的船工，组织了搬运队。船只可由粤东海港直达大埔，经大埔青溪—永定合溪—虎岗—上杭白沙—旧县—南阳—长汀—古城而抵达中华苏维埃首都瑞金。青溪镇离大埔县城不远，是国民党对红色苏区实行军事、经济封锁的最后一道封锁线。大埔县城驻有敌人1个团，青溪常驻有反动武装100多人，严密侦察过往行人，故大埔交通站有"虎口"交通站之称。青溪是交通线进入闽西苏区前的最后一道关口。交通站全盛时期有30人，每人分配一支驳壳枪、一把匕首、两颗手榴弹。

广东大埔青溪沙岗头码头，中央秘密交通线从此地由水路开始转为陆路

　　大埔交通站是进入苏区前的重要站点，十分险要。交通站的同志们在护送方法上进行了细致周密的研究和谋划。据卢伟良回忆：

　　水路上用小船护送，旱路上武装护送。余均平等交通员有小木船一、二只，我们便利用青溪到大埔城的水路，经常让余均平把小船开到大埔城河边，见到电船来了，小船就靠近电船，这样交通员就很自然地把从上海、香港来的干部从电船接到小船上。到青溪大约三十华里的水路，几小时就达到了，既保护了干部的安全，又减少了干部的疲劳。由青溪到永定苏区一段旱路，我们则由六七名武装交通员护送。

当年青溪交通站的接头户和船工

为了方便和掩护，我们布置了孙世阶同志在大埔城靠河边的埔北路口，开设了一间饮食店，以便干部到达埔城后能吃到饭。

青溪交通站为护送人员和物资进入苏区做了很多工作。青溪交通站负责向导护送的交通员有余灿昌、余均平、余川生、余炽邦四人，都是共产党员。还另外租雇有三条木船，管理木船的四个同志叫余家顺、余宜头、余良宜、余维基。他们也都是青溪本地人。青溪交通站以经商为掩护，把苏区迫切需要的无线电器材、电器、药品和医疗器材等转运至上杭或峰市，然后再送到瑞金。

（四）闽西交通大站

闽西是进出苏区的重要节点，也是上海与中央苏区往返的必经之地。因此，工作第一、安全更是第一，成为闽西交通大站运行的总要求。为了便于衔接，中央交通局决定在赤白交界的永定设立交通大站。闽西交通大站是中央秘密交通线上唯一的内地大站，由党中央直接建立，受中央交通局直管，经费专款专用，任何人都不能私自挪用。1930年秋，卢肇西回到闽西苏区后，根据周恩来的指示，在闽西永定金砂古木督背头窠的永昌楼正式成立了对外称为"闽西工农通讯社"的秘密交通大站（内陆唯一大站）。闽西各县建立了分支机构，这样，闽西苏区通往上海的秘密交通线率先初步建立了起来。龙岩失守后，闽西交通大站随闽西苏维埃政府迁到了永定虎岗乡虎西村的晏田新祠。1931年初，中央调广东省委发行科科长李沛群到虎岗，任闽西交通大站站长，同时调肖桂昌、曾昌明、熊志华等担任中央交通员。在闽西交通大站下，设有青溪、合溪等中站，以及多宝坑、铁坑、桃坑、中金、严坑、太拨等小站。

永定是进入闽西根据地后的第一个县城，已建立了工农民主政府，组织了自己的游击队，干部可以在此休息。

中央秘密交通线入闽第一站——永定城郊镇伯公凹

再经过金砂、合溪等地，约两天的路程就可以到达闽西特委。

（五）交通线上的战略战术

交通线事关苏区安危，是联系苏区与外界的唯一通道，因而是不折不扣的生命线。国民党的"围剿"政策又较为严格，因此交通线工作非常注重战略战术，并形成了一套独特复杂而又行之有效的秘密工作方式，比如：交通员之间只能是单线联系，没有往来的交通员之间，一般相互都不认识，即便是站长也不一定认识全线的交通员。在交通点的安排上也是费尽心机，比如：有的点是以家庭的形式出现，而有的点则是以店铺或学校的形式出现，甚至有的点还出现在娱乐场所。对交通员的选择无疑是整个工作的重中之重，比如：交通员要求有很强的党性和丰富的对敌工作经验，而且身体必须健壮，思维缜密，有一技之长。此外，交通员还必须与各色人等打成一片，懂得当地"行话"，以便混入人群之中不容易被人察觉。同时，在每次行动之前，他们都要准备好一些能自圆其说的"托词"，通晓各种隐藏文件、金钱和重要物资的技巧。为此，周恩来为交通线制定了一整套秘密工作方法和严格的工作纪律：第一，交通站只向中央负责，不与地方党组织发生联系；第二，交通员单线联系，不发生任何横向关系，互不认识，也不了解全线情况；第三，交通联络采取自上而下、自下而上或只上不下、只下不上，分片、分层的管理办法；第四，各地按实际情况设立交通站，或组织家庭，或开铺设店，或利用社会关系，要有公开职业作掩护；第五，要逢场作戏，灵活机动，应付自如，等等。周恩来身体力行"与国民党斗争"的"诀窍"，概括起来有两点：一是逢场作戏，因人因时因地化装成适当的行业角色，如工人、商人、牧师等。二是把握好时间，如，上电影院看电影，要掌握好进场、退场的时间；上街活动，要"错峰"。

护送干部的生命线

从1930年冬季开始，闽粤赣中央苏区连成一片，革命形势一片大好，各地苏维埃政权如雨后春笋般出现，"扩红"运动如火如荼。为了进一步发展壮大苏区和红军，建立巩固的苏区革命政权，打破国民党发起的"围剿"，中共中央决定抽调一批干部到中央苏区加强领导，于是开始启动中央秘密交通线护送干部去中央苏区。这也是这条红色交通线最值得一提的功绩之一，写下了壮丽诗篇。

（一）三次干部大护送

从1930年到中央红军长征以前，中共中央曾经组织了三次大规模的干部转移，大约有两百多位著名共产党人，从上海经香港、汕头通过这条交通线进入中央苏区。

第一次是1930年冬至1931年春。当时中央苏区革命形势很好，南方各省在毛泽东同志关于"工农武装割据"的思想指引下，先后建立了革命根据地和红军，需要大批干部加强各级苏维埃政权的领导。不断壮大的红军队伍也急需各级指挥人员。中共中央于是将各地有实践经验的干部抽调到苏区，甚至从苏联和欧洲各地学习回国人员中抽调派遣人员到苏区。这一时期到中央苏区的领导干部有100多人，其中有中央和各地方的政治、军事领导人，以及派出到苏联学习的党员和旅欧学生，包括任弼时、叶剑英、刘伯承、徐特立、张爱萍、左权、项英、邓发、萧劲光、伍修权等。

第二次是在1931年4月顾顺章叛变后。顾顺章是负责保卫党中央的中共中央特科负责人之一，掌握大量党的核心机密，认识中共中央许多领导人和中央机关地下党员，所以他的叛变严重威胁着中央直属机关和党的高级干部的安全。在周恩来等人的果断决策和机智指挥下，大量干部被及时转移，有的疏散到外地，有的撤到中央苏区。其中，周恩来、聂荣臻、邓小平、李富春、董必武、罗明、李克农、钱壮飞、刘少文、毛泽民、何叔衡、邓颖超等辗转香港、汕头，经这条秘密交通线进入中央苏区腹地。

第三次是1933年1月前后，中共临时中央政治局由上海迁入中央苏区。国民党反动派在加紧对革命根据地武装"围剿"的同时，对城市和广大人民制造白色恐怖，实行法西斯统治，因此党中央在上海难以立足。而中央苏区则取得了三次反"围剿"胜利，进入较稳固的发展期，并正准备进行第四次反"围剿"。所以，中共临时中央政治局决定迁入中央苏区，既可以避开上海等大城市的白色恐怖，又可以加强党对苏区的领导。这次经中央秘密交通线进入中央苏区腹地的有博古、刘少奇、陈云、李维汉、林伯渠、谢觉哉、瞿秋白和共产国际的军事顾问李德（即奥托·布劳恩）等人。

除了上述三次规模比较大的护送干部之外，这条交通线还担负常规性的护送任务和护送两次苏维埃全国代表大会的代表到瑞金。据统计，从1930年到1934年主力红军长征前，由上海经中央秘密交通线进入中央苏区的领导干部和电讯技术人员、文艺工作者等共有260余人。这些干部是党在艰苦环境和斗争中花大气力培养起来的，是党的事业的中坚力量和宝贵财富。特别是顾顺章、向忠发叛变之后，这些干部在上海多滞留一天，对党的事业的影响就增加一分。这些干部到达苏区后，不仅保留了革命的中坚力量，对苏区建设、军事斗争都发挥了极其重要的作用。这些干部也是后来新中国的骨干和各行各业的领导者。

各次护送的方法基本一致，在上海派出干部进入苏区之前，通过秘密电台通知香港华南交通总站。干部到了香港后，如果情况正常，就由交通员带路坐轮船到汕头，乘潮汕铁路的火车到潮州，再搭韩江轮船到茶阳。这时候大埔交通站的小船已经在河边隐蔽处等候，一听到汽笛声就立即靠近轮船，敏捷地把上海来的同志载往青溪，通过僻静的山地由武装人员护送到永定。

干部护送工作非常艰辛，交通员付出了很大的牺牲。交通线有效地配合中央机关由上海到中央苏区的重大转移活动，安全护送大批党、政、军负责同志到达中央苏区，为打破国民党对中央苏区严密的军事封锁和经济封锁，为中国革命战争的胜利发挥了重大而积极的作用。聂荣臻同志在回忆中写道："我是从上海乘船到广东汕头的，第二天乘坐汕头至潮安的小火车，到潮安后便改乘小火轮船。这些船只都是我党地下交通站的，船上的人员都是自己人。当时韩江、汀江航道上有不少兵船和民船来往，由于我们的船事先都打通了关系，都不用在中途停靠检查，可以直接航行到大埔县城茶阳。然后改乘小木船到青溪，在青溪起岸后住于地下党开设的客栈。当时的敌情相当紧张，白天只能躲在谷仓里，到了晚上，便由武装护送步行几十里山路而到达永定。"这些党的精英骨干进入苏区后，对促进苏区的党、政、军建设和传递宝贵的革命火种起到了重要作用。

（二）周恩来的机智之旅

1931年12月，周恩来根据中央"巩固、发展和扩大苏区与红军，抽调白区百分之六十的干部到苏区去"的指示精神，从上海到苏区。大埔交通站站长卢伟良奉命到上海汇报工作，接受了护送周恩来到中央苏区的任务。在上海租界的旅馆里，周恩来和邓颖超约见卢伟良，详细询问了中央秘密交通线沿途情况，共同研究护送和应对方案。之后，又安排卢伟良提前带两位交通员返回大埔，准备接应。

1931年12月上旬的一个晚上，33岁的周恩来身穿对襟中式短上衣和裤子，一副广东熟练工打扮，在暮色的掩护下，来到上海南外滩十六铺码头坐上一艘外国轮船。在船上，周恩来见到了交通员肖桂昌和黄有恒（又名黄华），他们负责护送周恩来到中央苏区。为避免引人注意，邓颖超没有送行。

经过两天两夜的颠簸，12月8日，周恩来一行顺利抵达汕头。他们本来打算住金陵旅店，但该旅店二楼拐角处挂有1925年广东革命政府两度东征时汕头各界欢迎东征军的照片，其中显眼处就有周恩来，所以出于安全考虑，转住在棉安街一家小旅店。这家旅店原来是当时镇守潮汕的国民党军队独立二师师长张瑞贵秘密开办的，一般的地痞、流氓不敢骚扰，就连国民党公安局的警察"查夜"也不来，比较安全。汕头交通站利用了这个"保护伞"，把周恩来安排住在那里。这一夜，无惊无险。

第二天，周恩来和肖桂昌及黄有恒坐火车到潮安。在火车上，周恩来商人打扮，和肖桂昌以及黄有恒扮成同行者。考虑到周恩来的商人装扮，而且由于不知道当日坐二等车厢的人很少，便买了二等火车票，谁知上车后发现二等车厢只有他们三个人，周恩来一看情况，感到不对头，连忙走进三等车厢。三等车厢人多又杂，他们和其他旅客挤在一起。可是，恰恰这时来查票的是一个东征时的铁路职工里的骨干分子，曾到东江行政委员公署向周恩来请示工作。周恩来认出他之后，立即把头上戴的毡帽拉得更低一些，转过身向窗外望去，这时候肖桂昌机智地站起来把周恩来挡住，随手把车票交给检票员。检票员见是二等票，就用手指指隔邻二等车厢，要他们3人到那边去。幸好当时只有一个检票员，肖桂昌当面答应，等那人走后他们却坐着不动，才免去一场麻烦。火车全程只有40公里，很快就到了潮安。

在潮安吃过午饭，乘下午两点开往大埔的电船，买的是船尾的小厢房票，他们上船后就关上房门休息。船到大埔县城后，转乘开往虎头沙的小电船，在途经青溪时上岸到达青溪交通站。后经手枪队护送星夜赶到多宝坑交通小站休息。后又趁夜爬山越岭，历经艰险，于12月22日进入中央苏区。

周恩来此行，虽然充满着风险，但终于化险为夷，这是一次身体力行、灵活机动的神秘之旅，也是一次充满政治智慧和斗争艺术的秘密交通之旅。

据黄有恒回忆：

大约是1931年12月上旬的一天，中央要求我护送军委书记周恩来乘船南下。我和肖桂昌在一艘从上海到汕头的客货混装的小火轮上等候周恩来，后来一路顺利到达。在汕头登岸时，周恩来化装打扮成一个教会的牧师，安全地在汕头的一个旅店度过了一晚。第二天乘火车去潮安，但在车厢里的检票员差点认出周恩来，由于我们的机智应对和检票员的马虎大意，最终逃过了一劫。到达潮安吃了午饭，我们乘开往大埔的船，买了船尾的小厢房的票，在船上关起门来睡觉。到了大埔进而又驶到青溪，由青溪卢伟良同志护送到多宝坑。多宝坑站的交通员是一对年轻夫妻，为招待周恩来把自己养的几只鸭子杀掉来做饭，被周恩来"批评"，说不该如此。这对夫妻虽然受到点名"批评"，但心里是热乎乎的，感受到首长的体贴。第二天，太阳落山时分，周恩来同志离开多宝坑，动身前往铁坑。在出发前，交通员决定采取"白马露蹄"的方法护送他。所谓的"白马露蹄"是工农通讯社使用的暗语，意思是护送时，前面派个妇女探路，如果她低头向前直奔，就是有情况；如果她一边走一边回头看，就是平安无事。在这种方法下我们平安到达了铁坑。吃过晚饭休息片刻后，我和肖桂昌便与铁坑站的交通员一起护送周恩来去赤白交界的封锁线，进入永定县南部。这一带是苏区的边沿，崇山峻岭的自然环境使得这里土匪成群，他们经常杀人抢劫。此外，国民党政府还设了关卡封锁道路。为了确保周恩来同志的人身安全，他打扮成"土豪"的身份前行，同时由手枪队护送。在行进的过程中，我们各人明确分工，分头行动，护送周恩来沿着陡峭的小路通过封锁线，于拂晓到达工农通讯社永定分社所在地——古木督。然后在古木督的交通员护送下经丰山到合溪。

（三）"洋顾问"的一次冒险旅行

1933年9月，中共中央决定将共产国际军事顾问李德送往中央苏区。这项艰巨的任务就落在了中央秘密交通线的交通员身上。据当时的交通员回忆，护送共产国际军事顾问李德是一项最艰巨的任务。李德性格高傲、脾气暴躁，语言又不通，不服从交通员的安排，给各站点的交通员带来很大的麻烦，但交通员们还是出色地完成了这一艰巨任务。

1933年9月下旬的一个深夜，李德与共产国际驻上海的代表团全体成员做了最后的告别。李德拎着手提箱，在交通员的暗中护送下，登上了一艘英国海轮，踏上了前往苏区的旅途。一天一夜后到达汕头，与交通员小李接上头。李德装扮成考古学家，自称要前往广东考古。如李德在《中国纪事》中所回忆的那样："我们一起乘车向内地行驶，到了附近的县城潮安，潮安的那一边就是'禁区'了。我们步行离开城市，向韩江河畔走去，还没到达河畔，突然被一个国民党哨兵截住。一名军官检查我的护照，检查了好久，最后还是让我们走了。王(汕头的地下联络员——引者注)对军官说，我是考古学家，想参观附近的一座古代寺庙。以后没有再遇到其他意外情况。我们到达了韩江。另一个联络员已经在那里等着我们……"就是这样，李德一行有惊无险地通过了军警的检查，坐火车至潮安，再坐上小火轮赶往大埔。顺利抵达大埔茶阳后，小李把李德交给另一个交通员陈泮年，便匆匆告别而去。

前往瑞金的路途遥远而危险，到处都是国民党军的关卡。为了不暴露目标，交通员陈泮年把李德引到一只小船上，示意他尽快爬进狭窄的船舱。李德愣了一下，也顾不得许多了，硬着头皮挤了进去。交通员不会英语，只得用手势比划着让他尽量别出声，也不要出来，否则会有危险。李德支支吾吾地点头表示明白，躺在船舱内强忍着，不敢发出声音。李德后来回忆说，整个旅途他就像是个聋哑人，学过的那些中文一句也没有派上用场。

李德就这样藏身在一只小船的狭窄船舱中，平躺了两天两夜，直到第三天傍晚，船舱上"咚咚咚"敲了三下，昏昏沉沉的李德知道这是交通员来了。交通员陈泮年给他递了几个地瓜和一竹筒的稀饭，并示意过一会儿就可以出发了。已是饥肠辘辘的李德，狼吞虎咽一番后，脸上露出了难得一见的笑容。船由一只小电船拖行着往青溪方向驶去，沿途共遇到三次巡江军警的检查，机警的陈泮年都有惊无险地打发了过去。每次一停船，趴在舱内的李德都是手捂嘴巴，憋着气不敢发出一点动静。

船驶进青溪地界，属于较安全地带了。交通员陈泮年敲了三下舱板，掀开盖板示意李德爬出舱来呼吸新鲜空气。

谁知好景不长，忽然，前面那只护送小船又遇上了敌人的税卡检查。远远望去，只见一群税警正在与船上的人争吵拉扯，交通员陈泮年以为是发生了意外，当即按事先商议好的办法，向后打了个手势，示意李德跳水。李德立即从船尾跳入水中潜游。几分钟后，前面两只小船终于摆脱了税警的纠缠，重新起航前行。李德也从水中爬回了船上，累得直喘气。

到达青溪沙岗头后，李德一行被安排在永丰客栈住了一晚。

第二天的夜晚，李德在一个班的武装交通员的护送下又悄悄出发了。他们装扮成神父和修士。沿途，遇上盘查，就说"到汀州天主堂传教"。李德穿上紫红色长袍，胸前挂起十字章，在胸前比划了个"十"字，祈祷自己能够平安进入苏区。就这样，他们走走停停地又在国民党的封锁区绕行了两个夜晚。他们走的是"野鸡路"（指荒无人烟的小路），翻山越岭时，用绑脚的带子扎在李德腰间，小青年们上拉下推，才把他推上去。他们夜里行军，白天则躲在"马架子"下。所谓"马架子"，就是"人"字形的木棚、竹棚，上面用树枝伪装，用来挤在里面睡觉。"奉星社"的交通站，给他们供应了红米、山

李德

芋、南瓜、苦菜。一连走了六七个夜晚，才算把李德带到才溪，那里已是苏区了。邓发和谭震林带了一个机干团，专程前来迎接李德。

（四）叶剑英进苏区

在党的主要领导人中，后来成为元帅的叶剑英是较早经由这条交通线进入中央苏区的。广州起义失败以后，叶剑英遭到反动当局的通缉，不得不乔装打扮进入香港避难，之后，他又进入莫斯科劳动大学学习。1930年秋，叶剑英奉命回到香港，准备经汕头进入中央苏区工作。当时，叶剑英是国民党悬赏十万大洋捉拿的"共党头目"，而他本身又是广东梅县人，且长期在广东从事革命运动。所以，对于这么一位"公众"人物，护送起来自然有一定难度。此次任务，是由闽西特委书记邓发亲自布置的。他特地派了叶剑英的同乡、具有多年地下工作经验的交通员卢伟良到香港，全程陪同叶剑英上路。

一路上可谓惊险异常。叶剑英等正准备从香港动身时，国民党当局不知听到了什么风声，大肆散布"叶剑英被捕"的谣言，企图让叶放松警惕。为了应付旅途中不必要的麻烦，叶剑英化装成商人，其他3位同志扮成互不相识的同路人，互不搭理，一同登上了由香港开往汕头的客轮。

第二天早上8点，船到了汕头。汕头海关戒备森严，军警林立。由于叶剑英等人行装简朴，海关检查员未加盘问便放行。登岸后他们匆匆在一家小食店吃了早餐，即乘轻便火车去澄海，再由澄海步行到黄冈圩。路上为了不因问路招惹土匪的麻烦，他们又乔装打扮成进山砍柴的村民，小心地在山道上行进着。下半夜，一行人来到了大埔、饶平交界地带。这里是党领导的工农武装在闽粤边界开辟的一块赤色区域，史称饶(平)、(平)和、(大)埔边界革命根据地，当时隶属于中共闽粤赣特委。

据交通员卢伟良回忆：

为了安全起见，无论如何我们当晚要赶到饶（平）（大）埔苏区，于是我们便加快了步伐，走到下半夜两点多钟，我们的确太疲劳了。恰好这时经过一个小村庄，村边一间厕所，在厕所旁边堆着很多新打下的禾草。于是，我们拆了几捆禾草作床铺，大家一躺下就睡着了。我因为要放哨，保卫叶剑英等同志安全，一直不敢睡。看到差不多要天亮了，我即叫他们起来赶路。又跑了二十多里路，我们到达了埔东游击区，终于安全到达了县苏维埃所在地。

　　在饶和埔革命根据地，叶剑英利用3天休息时间，向各有关方面了解了根据地情况，还向那里的军民作了形势报告，传达了党的六届三中全会精神。然后，又由一个武装班护送到中共闽粤赣特委驻地——福建省闽西永定县虎岗，卢伟良终于顺利完成任务。叶剑英再由虎岗经上杭、长汀进入中央苏区。

（五）博古、陈云历险进苏区

　　博古、陈云等人是最后一批通过中央秘密交通线赴瑞金的中央干部。1933年新年刚过，临时中央主要负责人博古，临时中央常委、全国总工会党团书记陈云和临时中央常委张闻天三人乔装打扮，悄悄离开上海。 他们分成两路：陈云与博古同走一路， 张闻天另走一路， 他们都是由中央交通局的地下交通员护送。

　　博古和陈云计划从上海经香港、汕头到达潮州，再从大

博古

埔青溪经永定、长汀到达瑞金。他们乘的轮船颠簸着在大海中航行。博古和陈云的铺位共在一个船舱，互相间却装着不认识，陌同路人，交通员也不与他们搭话。到汕头下船后，交通员安排他俩在一家旅馆住下，很快与设在中法药房汕头分号的交通站取得联系。按照交通站的安排，第二天他们就乘火车到了潮州。这时，由中华苏维埃共和国临时中央政府国家政治保卫局执行科长卓雄带领的一支便衣武装小分队，也从长汀赶到了青溪。这支小分队共10多人，是受命专门赶来迎接和护送博古、陈云进入苏区的。小分队派出三人来到潮州，将博古、陈云秘密接上了开往青溪的小火轮。

青溪街上有一家小杂货店，是地下交通站开的，专门接待来往人员。博古和陈云在青溪上岸后，即来到这家杂货店，与卓雄率领的武装小分队会合。这里地处闽粤交界，国民党粤军时常派部队来骚扰。为安全起见，白天的时候，交通站的同志将博古、陈云和武装小分队安排在附近山上隐蔽，由交通站的同志送饭给他们吃。入夜，他们才由当地一名交通员带路、沿着山间小道前往永定。来到闽西永定县境内，夜里，卓雄安排博古和陈云住在一个小煤窑里。不知怎地，消息走漏，一千多敌军包围过来，而卓雄手下只有十几个小青年。幸亏卓雄急中生智，带着两名队员绕到西山上打了几枪，一下子把敌军吸引了过去。趁着夜色如黛，也趁着大雪纷纷扬扬，另一批队员带着博古、陈云突围，总算化险为夷。天亮以后，卓雄和当地交通员带着小分队摸了回来，还带来了糙米南瓜饭。在大城市吃惯了面包的博古此时已是饥肠辘辘，他接过用篾篓盛着的冷饭，大口大口地往肚子里咽。当晚，他们一行离开窑洞，朝上杭方向前进，两天后到了上杭县白沙。正在白沙指导边界游击战争的福建省委代理书记罗明，还有福建军区政委谭震林，热情欢迎两位中央领导同志的到来。罗明吩咐伙房特意杀了鸡，加了菜，招待他们。第二天，博古和陈云骑上马，继续往瑞金进发。

卓雄回忆说，当陈云历尽艰险，终于到达苏区时，便往地上一躺，伸开手脚，呈"大"字形。陈云大声笑了起来，说道："总算到家了！"大约在1933年1月中旬初，他们终于到达瑞金，张闻天比他们早到达几天。

（六）杨尚昆秘密进苏区

1933年1月初，杨尚昆奉命住进上海法租界的一个旅馆。不一会儿，来了两位秘密交通员，接上关系后，他们打开小箱子，取出事先购置的衣服给杨尚昆换上。他们当晚坐船出发去瑞金。

杨尚昆回忆道：

陪同的交通员中，记得有一位名叫卢伟良，比我小十几岁，广东大埔人。大埔和叶帅的家乡梅县是毗邻。我换上了一身广东平民的短装，因为不会讲潮汕话，一路上只好闭口不说话。我们在十六铺码头登上从上海到香港的轮船。一上船，我就装成病号，闷声不响地坐在拥挤闷热的统舱里。到汕头登岸后，在小旅馆里睡了一晚，第二天，改坐小火车到潮州，乘韩江的小轮船北行，经大埔到三河坝。这时，小轮船照例要掉转船头，在靠岸的一侧铺上跳板，旅客们上上下下，十分拥挤嘈杂。

船上的一个工友领着卢伟良和我，走到不靠码头的另一侧，有一只带篷的小木船正向轮船靠拢来。真是说时迟、那时快，这位"茶房"熟练地先将卢伟良两手一提，乘势放进小木船里，接着，对我也如法炮制。小轮船的船舷离水面只有一米多高，我没有重的行李，卢伟良又在小木船里接护着我，一瞬间，我们就悄然躲进船舱，拉上船篷。船工一撑篙，小木船飞速地到了江心。

我从船篷的缝中朝码头上望去，只见码头上有许多待运的国民党士兵，这正是准备向中央苏区进行第四次"围剿"的部队。小木船行驶在韩江上，经常遇到敌人的运兵船。幸好，船工是本地人，他白天把小船停泊在河沟里隐蔽，晚上便撑着向北走。因为是本地人的船，人家不注意。

三河坝以北是国共双方的交界区。当第四次反"围剿"战争开始时，闽西的主力红军和地方独立师被抽调到江西作战，国民党十九路军和粤军陈济棠部乘机占领龙岩、上杭和永定的部分地区，闽西苏区的中心点白砂被迫撤离。闽粤赣省委（又称福建省委）代理书记罗明，正深入到敌后发动游击战争，以阻滞龙岩的敌人进占连城，保卫中央苏区。在国民党军队进攻下，这一带硝烟弥漫，许多村庄房屋被烧，白天荒无人烟，只有在天黑后，群众才悄悄地进村活动，天一亮又躲进山林隐蔽。

我们在三河坝一登岸，先在拉锯地区一个村子里躲了一天。第二天晚上，游击队护送我们穿过团防的哨所。我们乘上弦月光在茂密的松林里走了两个晚上。第三天太阳露头时，隐约听到远处传来的儿童团的歌声，我的"哑巴"时代终于结束了。

过了一会儿，一位老太太提着篮子上山来，笑着对我们说："没有什么东西优待你们，只有两个鸡蛋。"这是我第一次亲眼看到革命根据地民众同党和红军那种亲密的关系。老太太诚挚的感情，令我终生难忘。接着，我们又在苍松翠竹丛中走了3天，经上杭过汀州，快到达红都瑞金，这已是中央苏区的腹地了，路上就比较安全，有时还可以骑马走。到达瑞金后不久，博古、陈云也到了。

四 打通封锁苏区的生命线

国民党对中央苏区发动军事"围剿"的同时，还进行了严密的封锁，导致中央苏区在信息、物资等方面都无法与外界往来。在这种情况下，中央秘密交通线发挥了独特的作用。一是信息往来，传递中共中央和中央苏区的文件、出版物、宣传品等。二是物资往来，从上海向中央苏区输送各类民用和军用物资。三是从中央苏区提款送交上海的中共中央。

（一）信息往来

传递信息是中央秘密交通线的一个重要功能。中央苏区是全国最大的苏区，是中共苏区中央局和中华苏维埃共和国临时中央政府所在地，是苏区的指挥中枢。一方面，中央苏区需要上海党中央通告当时中国时局形势及任务、反革命营垒内的情况，以及国际革命运动特别是关于苏联国家的情况，等等。另一方面，上海党中央也极其需要中央苏区向中央报告实时情形。因此中共中央和中央苏区之间有大量的文件、出版物和宣传品的往来。后来即使中共临时中央迁至中央苏区，仍和上海中央局之间有大量文件往来。

党中央早在1927年8月1日就发出指示：建立全国交通网，其任务，一是传达党中央的一切文件、输送党的一切宣传品，二是兼探听各地反动派的消息及其他各类消息，并规定交通员在达到各地时，不得在当地逗留两天以上，以免暴露；各地党组织在接到交通员带来的物件时，必须立即给予回条；所有交给交通员递送之件，必须尽可能的轻便易携。1931年3月，中共中央发出致各苏区及红军的信，要求各苏区及红军通过秘密交通线建立交通关系和定期报告制度，根据中央提出的报告提纲，每月农历初一及十五日分两次向中央汇报工作（经过最近的交通站），叙述各苏区的情形。报告内容必须充实和切实遵守期限，还必须注意秘密工作的要求，报告信必须简短，应经过负责同志的修改与签名。由此，交通线沟通了上海和苏区的联系，保证上情下达和下情上送。在上海的周恩来对苏区来的文件非常注意，经常督促秘书处的同志，凡是苏区来的信件首先抄出来，尽快送给他看。

党中央和中央苏区的文件往来，经香港交通大站时，因为纸张的不同以及为了便于携带等原因，必须是要经过专门抄写的。著名民主革命活动家、中国国民党左派领袖廖仲恺的女儿廖梦醒，在香港交通站工作的时候，任务便是抄写上海中央与苏区的来往文件。1981年，她回忆道：

1930年，当时我正在法国学习。有一天突然接到少石同志的电报，叫我回国（估计是周恩来同志叫他从上海打的，因为周恩来同志知道我在法国），电报只有"即归"两个字。我即乘船回国，先到香港，在香港没有停留就去了上海，到上海以后，住在一家旅馆里。因我母亲（何香凝）还在法国，后来组织批准我和少石同志结婚了。党中央决定在香港建立交通站，我们在上海住了一个月就去香港了。交通站设在我的家里，对面是个停尸房。和我们一起工作的还有黄龙、王弼两位同志，少石和王弼同志是站长，谁是正的谁是副的不清楚。我是专门抄写上海中央与苏区来往的文件。文件都放在我家里，我买了一架旧钢琴，文件就放在钢琴底下。从苏区来的文件，装的都是大袋

廖梦醒和李少石

子，是用草纸写的，字很大；中央给苏区的文件是写在好一点的纸上，用很细的笔抄写的，有的是用针抄的，字很小，只有用放大镜才能看清楚。我的任务就是把苏区来的草纸写的文件，用很小的字抄在簿纸上，便于交通员携带。把上海来的文件抄在草纸上，带往苏区。那个时候我还不是党员，后来于1931年党组织接收我入了党。第二年在黄龙同志家举行宣誓，黄龙和少石同志是我入党介绍人。

上海和苏区来的文件都是通过交通员送来的，交通员都不到交通站来，是由少石同志带回来的。王弼同志来过交通站，黄龙同志没有来过。蔡大姐、欧阳钦都在交通站住过，他们是1932年1月15日来，16日走的。他们在谈话时，为了安全，需要我一个人同时打四个人的麻将，以防被敌人听到谈话的声音。当时我快分娩了，因为太累，提前生了孩子，所以这一段我记得特别清楚。

第三年王弼同志被捕了，少石同志到上海报告了此事，临走时把文件统统带走了。因为我生了孩子，他去上海建立了家，不久我就去了。交通站大概是在1933年撤掉的。到上海后，少石同志在《工人通讯》社工作，我就搞翻译工作，我会讲、写、读英文、日文，懂得法语。在上海搬过好几次家，住在党的机关。苏区来的文件，当时都烧掉了，从上海来的文件很少，一个小纸团，用针写的，这些东西都没有保存下来。

负责传递文件的交通员隐藏文件的办法多种多样，比如把文件用密写药水印在字画、手绢、线装书等的反面，或把文件用药水写在衬衫上再穿在身上，或把文件藏在热水瓶里、挑担的竹扁担里、随身携带的牙膏里、鞋底内，等等。对于非常机密的文件，交通员要把文件牢记在心里，然后把文件销毁，见到要传递的人之后，就以口头方式传达。规章制度还要求交通员考虑找当地可靠的妇女儿童作为协助，因为妇女儿童可以大大减少敌人的注意和怀疑。

交通员传递信息的要求非常严格，甚至连每天要走的路程，规章制度里都有规定。一般的文件，根据路况，一天一般要走20～35公里；如果传递的是机要文件，交通员就必须日夜兼程，一天一个昼夜加起来要走50公里。

一些油印宣传品则分散和仁丹的说明书混在一起，放入仁丹包中，以避免敌人查没。由于中共中央出版的《红旗》等刊物比较厚，交通员就将其拆开，与一些报纸卷在一起，机智地通过敌人的检查。中共中央在上海印刷、送到香港发行的书刊，由于量大，则是通过上海至香港的轮船上的海员同志或工会会员携带。等轮船到岸后，交通站就派人上船去取这些书刊。

（二）物资输送

中央苏区的存在与壮大，逐渐成了蒋介石的一块心病。他不仅对苏区实行军事"围剿"，还实行严密的经济封锁：凡邻近我根据地的白区城镇，对食盐、煤油等物资实行"公卖"制，并断绝赤白区域的交通。一时间，给当时拥有450万人口的中央苏区的生产生活造成了极大的困难，各种民生和军事用品纷纷告急。例如，当时一块银元在白区能买到六七斤盐，在苏区却买不到一斤，许多红军指战员因缺盐而身体水肿、体力下降，影响作战任务；因缺少药品和医疗器材，红军医院不少伤病员得不到及时治疗导致病情恶化而去世，造成部队的减员。特别是无线电器材，关系到部队作战指挥的畅通，敌人更是严密封锁。

尽管苏区军民采取了不少措施开展生产自救，自力更生，修建了各种工厂，一定程度上缓解了物资匮乏问题，但由于中央苏区本就地处经济发展水平比较落后的赣南、闽西，仅凭内部自身力量，显然是无法从根本上解决因经济封锁带来的问题的。因此，中央秘密交通线除了护送干部、沟通信息之外，还承担了一个重要任务：物资输送。据不完全统计，通过中央秘密交通线，先后输送食盐、布匹、药品，以及电器、印刷机械、军械等物资1000多吨。

面对敌人的严密封锁，远在上海的党中央想方设法筹集物资和实现安全输送。另外，中央秘密交通线沿途各地党组织，在上海、香港、汕头、大埔、永定等地区开设了各种店铺，包括文具店、百货店、布店、药店、五金店、电器行和饭庄、客栈等，以此作掩护，帮助红军和苏区采购并转运物资。时任中共中央外交科秘书的黄玠然在1981年回忆说：

汕头中站旧址纪念馆内复原的中法药房汕头分号的店面

　　来往于苏区与白区之间的交通创造了不少工作经验。因为他们不仅递送文件，同时中央还把解决苏区物资供应的任务交给他们。他们就创造出开铺子的办法来解决这个问题，苏区缺什么物资就开什么铺子，需要药品、布匹、电料器材等，就开相应的铺子。这样既解决交通站的问题，又可采购物资避免敌人发现。交通员不一定知道哪个铺子是我们开的，但可告诉他到哪里去进货更为便利。铺子里的人，也不一定知道是苏区来的人，只要按一般情况做买卖就行了。有时光靠外交工作同志完成不了开设店铺的任务时，就由外交负责人报请中央考虑，由特科（即敌工部门）去完成任务。交通负责人和特科的同志，有的互相了解，有的并不通气。互相了解好，还是不通气好，这要看情况决定。那时中央苏区严重缺乏药品，我们曾利用社会关系，在汕头开设过中法药房分号，名声、规模很大，可进很多药品，以满足苏区的大量需要。

　　当时汕头中站开设了一间中法药房汕头分号作为直属交通站，主要采购苏区紧缺的药品。同时还开了一间华富电料行作为绝密备用站，站长陈彭年任经理，顾玉良为会计，罗贵昆为职员。后来顾玉良回忆称，华富电料行"主要以采购

汕头市海平路99号（原98号）华富电料行旧址

苏区紧缺物资为目的，利用对外公司作为掩体，经营方向只批发不零售，价格也提得比相应的货高出不少，让很多顾客望而却步，达到有意不外售的目的，这是保障苏区物资供给的一个绝招"。这样一来，不仅解决了掩护问题，又可以解决物资采购的问题。这些物资采购之后运到大埔青溪站，先隐藏放置在僻静之处，然后通知苏区红军派精干武装力量进行抢运。

福建永定大站则指派李永源在县城开了一间"源记号"商行，负责在白区采购物资。苏区需要什么，商行就大量购买，只留一点点出售以应付门面，而且同样把出售价格抬高，造成顾客稀少，既保证有充足物资运往苏区，又能减少人员往来，保护商行的秘密性。

此外，为了能充分调动社会一切力量，在白区的中共地下组织还努力做白区商人的工作，动员他们将苏区所需物资销往苏区。为了有效提高白区商人的积极性，党组织不怕打破一些条条框框，提供优惠的政策，明确提出：凡是不违反苏维埃法令、不破坏革命、不垄断商品的交易，都一概允许进入苏区从事贸易活动，苏区政府予以提供一切方便；对苏区急需物资，予以免税和优先放行入境。因此，尽管国民党对苏区实行严密的经济封锁，并规定凡有"通匪"者货物没收、人格杀勿论等，但仍有许多或是对革命抱有同情心或是为了利润的白区商人，利用各种关系和力量，各显神通，用金钱买通一些国民党下级军官，在交通线沿线城镇开设商店，冒着危险与苏区开展贸易往来。而我们在白区党组织的同志们则千方百计、机智勇敢地开展采买工作，充分利用白区商人去采买各类所需物资，积少成多汇集到一起，再交由地下交通站秘密转运到苏区，有效缓解了苏区物资的紧缺。

比如，党组织当时在永定县城除了开设"源记号"商行之外，还争取了"万丰布庄""裕兴祥京果店"等五家商行的支持，为苏区采购了上千担紧缺物资。不幸的是，1934

年，由于叛徒的告密，负责"源记号"的李永源连同这几个店家的老板张荣喜、张利传、吴昌禄都惨遭国民党杀害。

由中央秘密交通线输送到中央苏区的各类物资，发挥了"及时雨"的作用，大大缓解了中央苏区民生和军事物资紧缺的困境。如红一方面军虽然在第一次反"围剿"中缴获了敌人的电台，组建了自己的无线电队，但那都是小型的军用电台，无法远距离和各地联络。而通过中央秘密交通线送来的大功率电台和配件，极大地解决了这个问题。再如，中华苏维埃共和国国家银行需要大批印发纸币，中共苏区中央局指示汕头交通中站购买印钞纸，解决了苏区纸币的发行问题。另外，输送到中央苏区的医疗器材、药品、盐等，让许多战场上受伤的红军战士得到救治，摆脱死神，重新走上战场。

（三）苏区提款

当时，中共中央在上海的活动经费除了共产国际提供的一部分，其余都要靠苏区提供。因此，到苏区提款也是中央秘密交通线的一个重要任务。当年苏区在没收地主豪绅的财产时，除将粮食、衣物等分发给群众之外，还会缴获一些黄金、白银、钞票等。而远在上海的中央领导机关经费一直很紧张，因为一面要支撑与各种掩护身份相匹配的开销，一面还要帮苏区购买物资。因此，红军打仗缴获的金银钞票等，需要集中送往上海。

1931年夏天，中央苏区通过香港九龙地下组织的电台，接到上海党中央发出的需要500块光洋的指令。闽西特委书记郭滴人赶到大埔中站站长卢伟良住处，交给他500块光洋，要求他按照指示送到上海。卢伟良将光洋一个个串起，分别缠在左右两臂上，再用布条包扎好。这么做的好处是：如果遇到敌人搜山，可以顺势把双手举高，躲过搜查；另外，用布条将光洋紧紧绑在手臂上，手甩动时不会发出声音。然后卢伟良穿上一件较窄的衣服，外面再套上对襟开衫，肩上用木棍扛着一个小包袱，打扮成一个穷叫花子。天气炎热，又不敢脱去上衣，坚持了十来天，头发蓬乱，衣衫褴褛，面无血色，浑身酸臭，通行的乘客都不敢靠近他，检查的哨兵也让他赶紧走开。就这样，卢伟良只身一人，坚持了十来天，成功将光洋送至香港。他一进屋便昏迷过去，接头的同志立即解开他的衣服，松开手臂上的布条，慢慢取下沾满血迹的光洋。时任中央交通局局长的吴德峰后来回忆说："交通员卢伟良一人孤身从闽西带500块光洋到香港，为避免敌人发现，他在自己手臂上各缠250个，外面再套上衣服，当时天气炎热，光洋把手臂磨破了，但卢伟良泰然自若，闯过重重难关，到达香港时，内衣都被血肉粘住了，真是太不容易了。"

1932年4月1日，红军成功占领了漳州城，缴获了一批武器，筹集了一批生活物资，还有不少金条银元。考虑到党中央经费紧张，于是毛泽东和朱德决定给上海送一批价值5000元的金条过去。这一任务落到了交通员曾昌明、肖桂昌身上。在认真分析了形势和线路之后，曾、肖两人各带一半金条从漳州出发。为确保安全，两人化装成外出做工的穷人，手持打狗棒，穿着脏旧的对襟蓝衫和露脚趾的破烂布鞋，并将金条塞进工人常带的纸伞的杆中，以及饮水瓜瓢的甜瓜瓢里。最终，两人经过十余天颠簸的海上航行，从漳州经厦门到了上海，圆满地完成了护送任务。

五　交通线上的无名英雄

交通线上山高水长路多艰。战斗在秘密交通线上的交通员们，是一个重要的、特殊的、秘密的群体，也是一个英雄的、默默无闻的、不可忘记的群体。他们跋山涉水、日夜兼程，历尽艰辛，要战胜恶劣环境、瞒过敌人的稽查，还要应对叛徒的出卖。他们信仰坚定、不畏强敌、坚守秘密、机智勇敢，为保护秘密交通线作出了巨大的贡献，甚至付出了宝贵的生命。

新中国成立后任中央办公厅副主任、国家档案局局长的曾三同志曾深情地说："红色交通线是交通员用双脚踩出来的，用血汗浇灌出来的。战斗在这条秘密交通线上的广大交通员和革命群众，不为名、不为利，勤勤恳恳、百折不挠，做出了特殊的贡献。他们置生死于度外，革命第一，工作第一，为保守党的机密不惜流血牺牲，他们是中国革命史上的无名英雄。"

（一）交通员选拔严格、条件特殊

中央秘密交通线是当时多条交通线中路程最遥远、路况最复杂的一条，需要经过国民党统治区的重重封锁线。国民党反动派多次派出军队和特务刺探情况，企图破坏中央秘密交通线，因此这条交通线上斗争激烈，环境恶劣，困难重重。打铁还需自身硬，事实证明，中央苏区时期的这条交通线能够坚持到底不受破坏，有一支优秀坚强的交通员队伍是必要条件。

为了能够保证中央秘密交通线工作顺利开展，党中央在关键处分别安排了重要干部组建交通站。他们大多是有丰富秘密交通工作经验的。在中央交通局，选派吴德峰、陈刚担任中央交通局领导，还挑选了一批久经考验的骨干分子担任中央秘密交通线的交通员。在香港设立华南交通总站，派南方局秘书长、大埔人饶卫华担任总站长，同时挑选廖梦醒、李少石等担任交通员。在汕头设立绝密交通站，直属中央交通局管理，与地方不发生横向联系，一般不启用，只有护送党的重要干部和重要情报才启用。为确保此站顺利设立，周恩来找吴德峰商量后，派交通局副局长陈刚亲自到汕头操办。周恩来又派陈彭年等人到汕头另设一个交通站，以供急用，这在顾顺章和向忠发先后叛变之后起了很大作用。大埔青溪是这条交通线的关键节点，中央交通局在此设立交通中站，调卢伟良任站长，并配

李沛群

了坚强的交通员，同时在多宝坑、铁坑、同天饭店、永丰客栈等设立交通站点，保证这个关口万无一失。永定是进入中央苏区的首要关口，中央交通局物色了久经考验的、曾参加过省港大罢工和广州起义的坚强共产党员李沛群担任永定交通大站站长。这条交通线上还配置了武装交通队，队长卓雄是中央苏区保卫处的执行队长，武装队成员都是保卫处班排以上的干部。中央秘密交通线的组织设置和对交通员素质要求之高可见一斑。

由于中央秘密交通线所担负的任务极为重要，因此对交通员的选拔有着非常严格的特殊要求。据资料显示："中央对交通员的要求很严格，一，要党龄较长；二，要对敌斗争有一定经验；三，要政治坚定，一贯表现好；四、要身体健壮。交通员还要忠于党的事业，坚强不屈；严守纪律，不怕任何困难；在对敌斗争中胆大心细，勇敢果断，机警灵活，随机应变和善于隐蔽。" 此外交通员要有一定文化，记忆力强，因为当时为了减少风险，许多文件情报的传递不能用纸张，需要交通员将文件全部背下来，进行口头传递。再者，交通员要有社会职业作掩护，多数是商人，不仅平时生活要社会化、大众化，衣食住行都要起到保护色的作用。他们还要精通"行话"，对每个时期的行情都要非常熟悉。同时，每个交通员都有一套随机应变、能够自圆其说的"口供"，用于应付日常社会来往和突发事件。另外，考虑到中央秘密交通线经过的区域主要是广东、福建一带，因此对交通员还有一定的语言要求，如会讲广东话、客家话、潮汕话等，对当地的民风民俗也要比较熟悉，发生特殊情况时便于应对。周恩来在部署粤东交通线的时候，十分注意挑选交通员，要求和前述四项标准完全一致。在实际工作中，周恩来还经常教育交通人员要做到以下几点：第一，要忠于党的事业，坚贞不屈，严守纪律，不怕任何困难；第二，在对敌斗争中，要胆大心细，勇敢果断，机警灵活，会随机应变和善于隐蔽；第三，在实际工作中，要有一套自圆其说的"口供"，用于应付各种情况，避免暴露；第四，生活要社会化、大众化，日常起居等要起掩护的作用；第五，要懂"行话"，对每个时期的行情要"倒背如流"；第六，要有社会职业作掩护，以普通人的身份在社会上出现。周恩来还十分重视交通员的思想工作，经常用党的组织纪律教育他们。

（二）交通员工作保密、默默无闻

秘密交通线的工作关系全局，是党和军队工作不可缺少的重要部分。但秘密交通线作为一条特殊的战线，决定它有着不同的工作方式，有着非常严密的工作纪律。中央交通局制定完备和严密的《秘密工作条例》：第一，不允许发生任何"横向关系"；第二，对于机关所在地的具体位置，只允许上级了解下级的，下级不允许了解上级的、隔级的和兄弟机关的；第三，党内不该了解的人和事不问，不该看的文件不看，未经允许不得传播自己所了解的事；第四，坚守岗位，不允许到群众斗争场合，不许照相；第五，写过的复写纸、印过的蜡纸和有机密文字的纸屑要及时烧掉。交通员之间都是单线联系，一般互不认识，也不了解全线的情况，即使是交通局长对全线的交通员也不是都认识。这样，即使在某个环节出了问题，也不致影响全线和全局。因此，秘密交通线上的交通员们按照组织需要，长期从事秘密工作，他们身负重任却极少出头露面，始终默默无闻，埋头苦干，忠心耿耿，甘当无名英雄。

为了秘密工作需要，他们不知道也不能打听所护送的人员姓名是什么。当年曾经护送过周恩来的交通员，一直到新中国成立后看到周恩来的照片，才知道他护送的重要人物是周恩来。

由于工作需要，交通员必须保持严谨保密的作风，甚至连他们的后人们都很少听他们主动讲那些故事。"四大交通员"之一的李沛群，从事地下交通工作20多年，养成了谨慎的性格特点，他平时言语不多，跟子女也很少谈及自己的经历。他1991年病逝于广州，直到去世前他都未公开自己的身份。

（三）交通员赤胆忠心、不畏生死

中央秘密交通线上的交通员们面对重重危险，为了顺利完成任务，常常义无反顾，甚至不惜献出宝贵的生命，很多人甚至连姓名都没有留下。据统计，土地革命战争时期，仅江西一省，为粉碎敌人封锁、完成通信任务而牺牲的交通邮电烈士就有1780多人。让我们记住他们的名字吧！

冯华，上海交通机关交通员。1933年夏，带两个东北民主联军代表到苏区参加苏维埃第二次全国代表大会，并携带无线电零件入苏区。到达汕头住旅店时，不幸被叛徒发现。冯华掩护两位代表安全转移，自己被捕。敌人用尽了酷刑，冯华却坚决不泄漏党的秘密，被捕第二日即惨遭杀害，用生命保护了交通线免受敌人破坏。

龚增祥，中央交通员，曾多次在极度艰险情况下出色完成任务，曾获得中央交通局"交通战线勇士"的光荣称号。1931年7月上旬，龚增祥执行一项紧急任务，要向各位中央领导成员传达共产国际的指示。当时中央特科负责人顾顺章已叛变，上海的局势雪上加霜。就在他在法租界向周恩来以及在小沙度路口向李立三传达后，被一个叛徒发现了，被逮住带到了国民党特务机关。敌人对其实施酷刑，严刑拷打，将其头皮用剃刀一块块割下来，他满头鲜血直流，但连眉毛都没动一下，宁死不屈，硬是未招一句口供。后来敌人无奈，于是设计将他放出狱以做钓饵，妄图跟踪他来诱捕其他同志。龚增祥识破了敌人的阴谋诡计，就毅然留宿街头讨饭。在上海的地下党同志看到他的惨状，想要设法营救，他却千方百计示意让他们走开，甚至装疯卖傻用打狗棍将不知情的同志打走。敌人见阴谋再次落空，半个月后又将龚增祥抓回，在南京雨花台执行枪决，他牺牲时年仅24岁。

郑启彬，大埔交通站副站长，福建永定县凤城镇人。1928年年方二十的他参加了永定暴动，不久加入了中国共产党。1929年5月红四军进入永定后，他先后当选为乡苏维埃政府土地委员、乡苏维埃主席。中央秘密交通线建立之后，经过严格挑选，他于1930年7月被派往大埔交通中站任交通员。为护送中央领导干部，传递文件、电讯和输送苏区军需民用物资作出了重要贡献。1935年12月，由于叛徒出卖，郑启彬在广东大埔被敌杀害，英勇牺牲。

孙世阶，大埔交通中站秘密联络点"同天饭店"负责人，广东大埔青溪人，1927年加入中国共产党。中央秘密交通线建立之时，孙世阶被党组织选中，安排在大埔县城茶阳靠近河边的神泉路口筹建一间"同天饭店"，作为秘密交通联络点，他以"老板"身份为掩护。因频繁的革命活动引起国民党政府的怀疑，1932年孙世阶第一次被捕入狱，但所幸敌人未掌握可靠材料，加上地下党即设法营救，筹得光洋一千元，利用各种关系将他赎

"同天饭店"旧址

出，继续回到同天饭店做地下交通工作。1933年，孙世阶再次遭捕押，此次在押时间较长，受尽皮肉之苦，后幸得亲友变卖家产，与中共党组织共同筹得光洋二千元，将他保出。至此，孙世阶变卖了所有的家产。1934年10月，中央主力红军长征，他由中央秘密交通线转调闽西交通线，仍任交通员。1935年7月，孙世阶赴茶阳城内探听消息，返回到唐屋码头附近时，由于叛徒的出卖，遭遇国民党便衣军警，不幸落入敌人魔掌。在狱中，敌人对孙世阶严刑拷打、软硬兼施，他始终拒不供认。次年2月，孙世阶被押往大沙坝刑场，英勇就义，年仅26岁。

邹端仁，伯公凹交通站交通员。闽粤交界的伯公凹小山村，是中央秘密交通线入闽第一站，战略地位非常重要。他动员妻子一起做交通工作，成为交通线上出色的夫妻交通员。1932年，邹端仁接到任务，化装成老板去广东购买军需盐，在返程路上因叛徒出卖被国民党反动派逮捕。敌人用绳索将他捆住押往广东大埔长治民团团部审讯，但邹端仁始终守口如瓶，坚贞不屈。随后反动民团将他押到埔北中学，吊在操场的一棵大树上，严刑拷打无果后，当着他年幼女儿和几百群众的面，将他射杀，之后还残暴地用煤油浇灌，进行焚尸。邹端仁的长女邹桂英回忆说："我去收尸时，父亲

被烧成'咸鱼干一
样',然后带回老家
伯公凹下葬","我
这一辈子怕吃咸鱼
干,一看到咸鱼干就
会想起我父亲牺牲时
的惨状"。

邹端仁的烈士证

李寿科,永定交通大站桃坑小站交通员,福建上杭县
人,1932年春从汀州红军军官学校调到闽西永定交通大站
工作。李寿科工作积极,认真负责,后来被调到桃坑小站工
作。1932年冬,桃坑交通站接到一个到伯公凹接送电台的重

永定伯公凹航拍图

要任务，由于叛徒出卖，交通站被反动民团包围，李寿科及其他交通员奋起反抗，与十倍于我的敌人战斗。李寿科血洒桃坑，英勇牺牲，头颅被凶残的敌人割下，挂在永定县城城墙上。

赖德胜，桃坑交通站站长。被敌人逮捕后，他始终没有泄露组织秘密，是个信念坚定的人。据其儿子赖佛生回忆，"父亲曾经接送过中共领导人，在完成任务后被敌人发现。敌人用尽各种刑罚，灌辣椒水、坐老虎凳、用香火烫。手上被烫出很多疤，这是我亲眼见到的"。

张超，武装交通员，永定凤城人。主要负责青溪至香港段护送领导、传送文件等工作。有一次，熊志华到厦门接一名在白区工作的重要干部老罗，张超及余良晋父女共三人前来接应，不料路遇白军。余良晋父女带着老罗划船向对岸远遁，熊志华则和张超将敌引向山坡，双双中弹，熊志华跌落草丛中昏迷，不久脱险，张超光荣牺牲。

余均平、余川生、余枳邦，均为青溪交通站交通员，负责带路、挑行李，忠实可靠。据饶卫华回忆，1935年，这三位同志被邻近铁坑乡的邹轩高、邹维尊两人向国民党驻军陈绍武团告密，三人全部被捕。敌人用酷刑逼他们讲出红军情况，但三位同志都坚不招供，最后都被陈绍武杀害。

邹阿良，永定县城秋云楼交通站交通员，主要任务是护送领导干部到合溪中站。1931年，在桃坑交通站接运物资时对敌作战牺牲。

（四）其他交通员名录（部分）

吴德峰，湖北保康县人，生于1896年。他很早就投身于革命事业，1922年即参加革命工作，1924年加入中国共产党。1928年任中共中央军委交通科科长，在周恩来的直接领导下从事党的秘密情报交通工作。1937年

吴德峰

12月至1943年3月任中共中央交通局局长。1941年5月任中央交通委员会委员。他是党的交通战线的杰出领导人之一。

陈刚，1906年出生于四川富顺。他1925年便投身北京火热的学生运动中，1927年加入中国共产党。1928年前往上海参加地下党工作，担任中央提款委员，多次到苏区为中央提款。1931年任中央交通局负责人，负责国际国内情报交通联络工作。中央交通局分为三个组，北方组、南方组和苏

区组，他自己负责苏区组，面对险恶环境和凶残的敌人，陈刚领导的中央交通局坚持正常工作，为党提供了许多重要情报，护送了大批干部。

熊志华，中央交通局派出的专职交通员，著名的四大交通员之一，曾用名熊洞标、熊明心、志明、曾阿宝、阿丙等。1904生于福建永定湖雷课堂村，1927年秘密参加农民协会从事农民运动，1928年参加永定暴动并在山区坚持革命斗争，当年加入中国共产党。1930年中央秘密交通线筹建之时，熊志华被选派到闽西特委机关的"工农通讯社"学习，并被调到上海党中央机关任外交部交通科副科长、党中央秘书处发行科总收发。在这条交通线上，他成功转送了党中央的重要文件和电台配件等军需物资，安全护送了前往苏区的革命同志。抗日战争和解放战争时期，熊志华先后在西安、香港、上海等地继续负责党的秘密交通工作，曾任交通科副科长、交通联络站站长等职。

肖桂昌，中央交通局南方总站负责人，著名的四大交通员之一，广东中山县人，1907年6月生于上海，1926年参加革命，1927年加入中国共产党。1930年，中央交通局派肖桂昌到当时广东省委的所在地香港建立华南交通总站（华南通讯社总部），直属中央交通局。他在白色恐怖下机智勇敢完成党交给的各项任务，曾负责全程护送周恩来到中央苏区。1933年5月担任中共江苏省委组织部部长时，因叛徒出卖，被国民党逮捕。他在狱中建立秘密党支部，团结难友，坚持斗争，后经党组织营救出狱。抗日时期他继续从事秘密交通工作和情报搜集等机要工作。

曾昌明，著名的四大交通员之一，1909年生于海南，原名浪波，别名祥澄。他少年时参加进步学生运动，1927年参加海南琼山塔市暴动，1928年1月加入中国共产党。1930年以后，他历任中共中央苏区福建省委交通员、中央交通局闽粤边大埔交通站站长、上海白区中央交通局局长、闽粤赣苏区交通科政委等职。其中，中央交通局闽粤边大埔交通站是从上海进入苏区的重要通道上的一个重要站点，党中央的领导同志如周恩来等都是经这里进入苏区，许多物资也是经过这里运进根据地。曾昌明任该站站长期间，敌人曾经三番五次派遣特务，企图破坏交通站。他领导站内同志，机智勇敢，果断行动，多次挫败敌特阴谋，及时惩处了敌特，保卫了交通站。

李沛群，著名的四大交通员之一，1908年生于饶平县海山镇隆西村一个贫困家庭，1925年参加了著名的省港大罢工，1926年加入中国共产党，1927年以党代表身份率领手下车夫工人参加广州起义。从1928年3月起，李沛群历任广东省委交通员、中共中央联系广东省委专职交通员、广东省委发行科兼交通科科长、中共中央交通局闽西和永定交通大站站长等职。他战斗在从上海通往中央苏区的中央秘密交通线上，其间以机智和勇敢出色地完成了中央交给的几件重大任务。后来其他交通线先后被破坏，仅剩中央秘密交通线保留下来之后，李沛群负责闽西大站、汕头中站和大埔中站。1932年曾护送邓颖超和项英的亲属进入苏区。

陈彭年，汕头交通站站长，又名胡广富，山东济宁人，1897年出生。1921年曾赴法国工厂做工，后参加中国共产党旅欧支部活动并加入中国共产党。1926年回国后在上海党中央特科工作，为保卫党中央和其他组织的安全、打击敌人、获取情报、营救战友作出了出色贡献。1931年，调任中央交通局汕头站站长。1932年调中央苏区国家保卫局任交通科科长，在局长邓发同志领导下进行交通保卫工作。后在长征途中不幸陷入沼潭，壮烈牺牲。

卢伟良，大埔交通站站长，广东梅县人，生于1910年，1928年加入中国共产党。中央秘密交通线组建后，任大埔交通站站长。1931年卢伟良奉命到上海汇报工作，接受了护送周恩来到中央苏区的任务。在上海租界的旅馆里，周恩来和邓颖超约见卢伟良，详细询问了中央秘密交通线沿途情况，共同研究护送和应对方案。之后，周恩来又安排卢伟良提前带两位交通员返回大埔，完成了接应工作。

邹日祥，青溪交通站秘密交通员，负责多宝坑秘密联络点。中央秘密交通线开始筹建之后，站长卢伟良把邹日祥带到潮州富春旅社和汕头富春旅社，和旅社中负责秘密交通的同志接头，接着又到香港与饶卫华接头，研究联络密码和具体接送安排。其后，李德、刘少奇、周恩来、陈云、邓小平、任弼时、项英、张闻天、博古、刘伯承、聂荣臻、邓颖超等一大批领导人，从上海到江西中央苏区，都是走这条交通线，由邹日祥等人护送。1931年秋，邹日祥的母亲为了保护住在家里的两位同志（巫波、杨磷）而牺牲，他也因此事先后三次被国民党当局逮捕入狱，家里两次被洗劫一空，但始终坚贞不屈，未泄露过半点党的机密。红军长征后，青溪交通站又转为闽粤交通线交通站，邹日祥继续为革命作出贡献。

六 人民群众誓死护线

　　毛泽东曾指出：真正的铜墙铁壁是什么？是群众，是千百万真心实意拥护革命的群众，这是真正的铜墙铁壁。党的工作离不开群众，离不开群众的支持和掩护，秘密交通线上的工作更是这样。交通线长达数千华里，山高水长、林深路险，既要穿越国民党统治区域，又要穿越偏远的乡村山野，途中随时有可能发生意想不到的困难和危险。所以中共中央在部署秘密交通线之初，就指示各交通站必须与沿线党组织取得联系，必须获得当地人民的支持和帮助。人民群众的帮助和支持，是地下秘密交通工作能够长期得以坚持发展的深厚根基。广大革命群众冒着生命危险掩护交通员、护送干部、运送物资、搜集情报、望风放哨，作出了不可磨灭的贡献。秘密交通线在他们的掩护下，得以安全顺利地完成一个又一个的艰巨任务。

（一）支援日常工作

　　秘密交通线沿途的交通站，经常会有革命群众协助维护交通站的日常工作。他们有的是交通站负责人的亲戚家属，有的是交通站附近的群众。他们帮着维护交通站日常运转，也起着重要的掩护作用。此外，在物资匮乏的革命年代，交通站要维持稳定的基本生活物资供应，也经常需要群众的无私支援。

长汀古城的交通站，就设在党员刘宜辉的岳父余景年所经营的"永源祥"杂货店里，由余景年打理日常事务。余景年是一位私塾教书先生，但是思想比较进步，有很强的政治敏锐性。他平时白日里教书、经营店铺、做餐饮和住宿等生意，晚上就做接待工作。因此余景年对家人夜间开门有严格的规定，而且接待来人尽量不让更多人知道，甚至是妻子也不随便透露。又如，青溪交通站的多宝坑小站就设在交通员邹日祥家，他的母亲、兄弟、妻子江崔英和儿子都是坚定的革命群众，一家人曾多次冒着生命危险护送干部和物资。多宝坑的村民们都知道邹日祥的家里有数不清的"亲戚"来来往往，而且都知道这是革命事业，大家心知肚明，心照不宣。平日里，邹家的粮食经常不够吃，村民们就会主动往他家送粮食和地瓜。曾任中共湘区区委秘书的曾三，1931年进入中央苏区后任红军通信学校政委，他在1985年回忆当年过封锁线的情况时，饱含深情地说："由于敌人的封锁，进入江西苏区十分困难，特别是在赤白交界地区，有路不能走，有点不能住，交通员带着我们翻山越岭，革命群众为我们烧水做饭，使我们顺利地通过重重难关，顺利到达目的地。"

（二）协助运输物资

运送物资是交通线的一项重要任务。在交通站交通员人数有限的情况下，要在短时间内对物资进行抢运，必须要依靠群众的协助。于是交通站纷纷组建了运输队，一有各类物资运到，交通站便立即联络各村党组织，发动广大群众，装作挑粪下田或上山割草，将物资藏在桶或草捆中，巧妙地越过敌人的封锁线，一站接一站，护送到苏区。

据统计，埔北地区当时就组建了一支三四百人的运输队，先后为苏区运送了紧缺物资多达数百吨，缓解了苏区军民的军事和民用急需物资匮乏问题。永定、青溪两地有四百多名运输队员，一旦从汕头有货来，交通站便及时联络各乡村，发动群众假扮挑粪或割草将物资隐藏起来，然后穿过敌人封锁线转运到苏区。

青溪水运比较发达，但交通站只有3只大船、2只小木船。船只不够用的时候，就会通知当地群众来帮忙。经常参与运输的船夫有余良宜、余维机父子等六七人。这些船上挂有竹帽子，示意是革命群众的船可以放心装货。货在上游水域装好后将竹帽子取下。等船只到了青溪，就通知余均平起货。两三天后，闽西特委就会派人将货趁夜挑走。交通员余均平的儿子后来曾回忆说："当年我才10岁左右，来我们家的'亲戚'来来往往真是数不清。还常有人把一批东西放在家里，又有许多人来挑到山里去。多时上百人，进进出出，繁忙极了。"

不管是刮风下雨、天寒地冻，运输队员只要看见着黑衫、带驳壳枪的交通员一来，就赶紧备好扁担、绳子，跟着武装护送队出发，来回百十里路，一个晚上就将货物抢运到苏区。除了普通运输队，青溪交通站还专门成立了一支由二十多名妇女组成的运输队伍，只要听到码头船工"均平有货"的叫声，便立即相互告知，然后一起将船上的货担到余均平家中的临时仓库里。待交通站接到闽西特委通知后，她们便在武装交通员的指引下，趁夜将货担到永定桃坑，再连夜赶回青溪。

（三）协助通过封锁线

在护送交通员工作的时候，尤其是突破封锁线的紧要关头，借助群众的帮助能起到很好的掩护作用。

1931年春天，中央交通员熊志华带着上海党组织送往中央苏区的重要文件，由上海经汕头、潮州到达大埔。来码头接应的是青溪交通站的船只，船老大是一位叫余虎头的青溪村革命群众。夜晚到了青溪永丰客栈，得知敌人最近在边界上有封锁线，交通员难以过山。于是熊志华就和附近吕布村交通小站的革命群众陈嫂子一起，化装成准备去丈母娘家的山村夫妇。为了打消敌人的疑虑，陈嫂特地准备了一只篮子，里面放着几斤寿面和两包寿饼，文件就藏在寿礼底下的纸缝中，然后又捉了两只老母鸡放在另一只篮子里。他们在封锁线上，上演了惊险又机智的一幕，熊志华在他的革命回忆录《红线》里对这一段有精彩的描写：

　　一切准备就绪后，我们就动身进山。近中午时分，我们来到花窗下的山边据点。在离开岗楼还有好几丈路时，白狗子就神气地大喝道："不要动！"

　　我和陈嫂子站定时，两个白狗子横着刺刀上鞘的步枪，大摇大摆地走过来。一个脸上有着一条深深刀疤的高个子气势汹汹地问道："你们上哪儿去？"

　　"过山到娘家去。"陈嫂子神态自若地回答。

　　"到娘家干什么？"

　　"今朝是我娘五十岁生日，做女儿的不要备点寿礼去拜拜么！"白狗子贼眼溜溜地打量一下我手里提的寿饼寿面，又问她："他是你什么人？"

"你问他！"陈嫂子带着嘲调口气，回答说："啊哟，你这个老总，天下哪有女人不嫁男人的？"

旁边一个吊眼皮的白狗子，不耐烦地说："不要多噜苏，把手举起来，抄身！"

"抄就抄嘛。"我把放着文件的竹篮子，故意往地下一放，理直气壮地向白狗子跨近一步。

两个白狗子在我们身上抄了一阵没发现什么，就在陈嫂子身边的竹篮子里捉出一只大母鸡，强横地说："把这个留下来！"

"老总，这老母鸡我要给老人家供菩萨的，你生生好心还给我们吧！"我脸上装着舍不得的样子，假意带着请求的口吻伸手去夺。由于用力太猛，痛得老母鸡"呱呱"地尖叫起来。

"滚滚！"吊眼皮的白狗子走上来向我猛地一推，像一只饿狗似的狂吠着。

我踉跄地退了几步，恨不得夺过枪杆，消灭这群万恶无耻的匪徒！但为了文件的安全，我只好把这口气强忍在胸口里。这时，陈嫂子一把扶住我，挑起两道细眉，鼓起圆杏似的眼睛，以尖利的神情说：

"啊哟老总，你们说是保护老百姓的怎么又动手欺侮我男人呀！你们拿了这只鸡，也换给我们一块光洋吧！"

"他妈的，老子三个月没发饷啦！有光洋不会到镇上去醉一醉！你们再胡说八道，还有一只鸡也要留下来。"高个儿脸上的刀疤涨红得快发紫，吊眼皮不敢正眼看我们，两人恼羞成怒地倒举起步枪，用枪托捅了一下我和陈嫂子的背脊，赶着我们走。

我乘机提起装着寿饼、寿面的竹篮。陈嫂子一面走，一面还回头向白狗子唠叨几句。

过山后，我们舒了一口气。陈嫂子说："过关卡时就要和白狗子扭一会，这样就可以打消他们的疑虑，走得太快的话，反而会引起麻烦。"

陈嫂子在敌人面前锻炼得更老练更精明了，我为交通站里有这样出色的群众而感到喜悦。

（四）掩护脱离危险

交通站的工作非常危险，常常会遭到敌人的破坏。在危急时刻，总会有群众挺身而出，不惜将自身置于险境，保护交通线工作的安全。

青溪的桃坑交通小站，是通往中央苏区的必经之地，桃坑的20余户人家都是贫苦农民，都是革命的"堡垒户"。交通站里除了一名负责人外，还有一位附近的群众梅芳嫂帮忙做饭。1932年秋的一天深夜，中央交通员熊志华护送无线电台来到桃坑，梅芳嫂又过来帮忙接待照应。当她在不远处河边洗完菜端着正要往回赶时，猛然间发现一群敌兵正借着夜幕的掩护，端着枪，鬼鬼祟祟地朝着交通小站包抄过来，眼看已经不到50米了。此时若从河边跑到交通小站报信显然已来不及，于是梅芳嫂急中生智地把手上的铜盆猛地往路旁一块大石头上一砸，发出一声巨响，然后大喊："敌人来啦！"撒腿就往交通站相反方向跑。敌人兵分两路，一路追击梅芳嫂，一路加快朝交通小站包抄过来。但巨响早已惊动了小站的同志，当即就带上电台从后门奔上山林，顺利躲过一劫。最后电台保住了，交通员安全了，梅芳嫂凭着对地形的熟悉最后也摆脱了敌人的追击。

此外，还有的群众为了掩护交通站的工作，献出了生命。例如，为了保护转移的党的干部安全，多宝坑交通小站的邹日祥的母亲就献出了生命换取了转移时间。

就是这样，成千上万的革命群众为了中国革命的胜利，不为名、不为利，默默冒着生命危险，不怕杀头、不怕坐牢，坚定信念为革命作贡献。这样的人民群众，就是共产党干革命最坚实的基础、最可靠的靠山、最有力的胜利保证。

主要参考文献

1. 刘瑞瑾：《秘密交通站》，中国长安出版社、花城出版社2015年版。

2. 李元健：《苏维埃血脉：中共中央至中央苏区秘密交通线纪实》，金城出版社2017年版。

3. 杨尚昆：《杨尚昆回忆录》，中央文献出版社2001年版。

4. 中共广东省委党史研究委员会、中共汕头市委党史资料征集研究领导小组编：《红色交通线》，1986年。

5. 赖立钦、邓泽村编著，中央苏区（闽西）历史博物馆编：《永恒的血脉：中央红色交通线图志》，中共党史出版社2018年版。

6. 中共大埔县委党史研究室编：《大埔党史（总第三十一期）》，内部资料，2019年8月。

7. 晓农：《上海通往中央苏区的秘密交通线》，《党史博采》2004年第8期。

8. 彭建伟、郑惠玉：《红色交通线上汕头交通站的建立及其历史贡献》，《红广角》2015年第2期。

9. 东山涛：《鲜为人知的沪港粤"红色交通线"》，《检察风云》2007年第19期。

10. 陈汉初：《周恩来与革命战争年代粤东秘密交通》，《党的文献》2016年第2期。

11. 何立波：《临时中央从上海秘迁瑞金始末》，《档案天地》2009年第9期。

12. 孙峻亭、李树庭：《接李德进苏区——访当年执行任务者卓雄》，《纵横》2000年第3期。

13. 吴晓荣：《中央苏区时期的经济封锁与反封锁》，《中国井冈山干部学院学报》2014年第2期。

14. 应晓燕：《封锁与反封锁：中央苏区的经济困境与对外贸易》，南昌大学硕士研究生学位论文，2019年。

后　记

应广东人民出版社邀约，我们承担了《红色广东十讲》系列丛书之《中央秘密交通线》的编写任务。

20世纪上半叶，无论在大革命的白色恐怖日子里，还是在抗日战争、解放战争的战火硝烟中，中国共产党为联络信息，建立了多条交通线，其中最有名的就是从上海经香港、汕头、大埔、青溪、永定、上杭、古城到瑞金的中央秘密交通线，这条秘密交通线被毛泽东称为"红色血脉"，也有中央领导称之为"摧不夸打不烂的地下航线"。中央秘密交通线的建立加强了党中央同各苏区的联络，输送了大批干部和重要物资进入苏区，为苏区的发展和革命战争的胜利起了重要作用。由于历史久远，留下来的档案资料有限，而书稿编写的过程中参考了一些相关著作、学术论文、会议采访以及新闻报道等资料，有些也未详细注明和列出，在此表示感谢。书稿写作出版过程中得到了中共广东省委党校和广东人民出版社领导的指导和帮助，在此特别感谢中共广东省委党校领导同志的关心支持，感谢广东人民出版社卢雪华、曾玉寒等同志的帮助。

本书由中共广东省委党校刘朋教授和李宇博副教授合作完成，其中刘朋教授负责前三章的写作和统稿工作，李宇博副教授负责后三章的编写。由于时间仓促，加之作者能力水平有限，书稿还存在诸多不足之处，敬请读者不吝批评指正。

作 者

2020年7月于黄华园